「気くばり」こそ
最強の生存戦略である

西村僚子
Tomoko Nishimura

SB Creative

「気くばり」を
制するものが人生を制す

質問です。
あなたは全身全霊で
「気くばり」を
したことがありますか？

「そもそも全身全霊で気くばりをしよう、なんて考えたことすらないよ！」

「そりゃあ、気くばりができるに越したことはないさ。でも、無理してまですることではないだろう？」

「そもそも、周りが見えるタイプじゃないから私には無理」

感想は人それぞれかもしれません。

ですが、ほとんどの人は、「全身全霊で気くばりをしたことはない」と回答するのではないでしょうか。

多くの人が、「気くばり」は「いいこと」だと知っています。

食事の前に相手の苦手な食材を聞く。
相手の好きなものを手土産に持っていく。
大事な会議に出られなかった人に内容をシェアする。

誰もが多かれ少なかれ「気くばり」をした経験があるでしょう。
しかし、「全身全霊で気くばり」をする人はほとんどいません。
「気くばり」に全身全霊を傾けるほどの価値を感じていないのです。

しかし、私は「気くばりほど大切なものはない」と考えています。

「気くばり」は世界平和につながる、とも考えているくらいです。

「気くばり」は、突き詰めると
仕事も人間関係も、あらゆることが
好転するほどの威力を持ちます。
ご縁も、チャンスも、人生をよりよくしてくれるものは、
たいてい「人」が運んでくれるものだからです。

「あらゆることが好転する気くばり」といっても、
なんてことありません。
たとえば、
自分からあいさつをする
名前を呼びかける
お礼を3回言う
というような、一つひとつは、誰にでもできるちょっとしたことです。

しかも、
相手の顔色ばかり気にして疲れる
自分を殺して相手に合わせる
逆に相手に気を遣わせてしまう
ということもありません。
だから、無理なく続けられます。

ちょっとした「気くばり」を
無理なく、積み重ねることで、
圧倒的な差が生まれるのです。

そんな夢のような方法を
本書では明らかにしていきましょう。

Prologue 「気くばり」こそ最強の生存戦略である

Chapter 01 気くばりをする準備

Chapter 02 気くばりの基本

Chapter 03 第一印象で心をつかむ

Chapter

06

いいご縁が永遠に続く

企画協力　長倉顕太・原田翔太

Prologue

「気くばり」こそ
最強の
生存戦略
である

なぜ気づかいをすると疲れてしまうのか?

今まで、私は数々のセミナーや講座で生徒さんたちと向き合ってきました。

そのなかで、周囲に気を遣いすぎて疲れてしまっている人たちが驚くほど多くいらっしゃいました。

気くばりができるに越したことはないけれど、そんなに気づかいばかりしていたら、疲れてしまう……。

みなさん口を揃えてそうおっしゃるのです。

実は、ときには夫から「そんなにみんなのために一生懸命気くばりをして、しんどくないの?」と心配されるほどの私なのですが、気くばりをしていて疲れを感じたことは、いっさいないのです。夫が心配するのは、私がよく人から誰かを紹介してほしいとか、スペインのバルセロナへ行くので、美味しいレストランを教えてほしいとか、とにかく頼まれごとが多いからです。でも、私は好きな人のためなら、疲れるどころか、「バルセロナへ行くなら、あの美味しいお店にぜひ行ってほしい！」と、ウキウキしながらメッセージを送ります。

この違いはいったい何なのだろうかと考えたとき、私は**「みんなに好かれるために気くばりをしていない」**ということに思い当たりました。

誰からも好かれるためには気を遣わなくてはいけない。
誰とでもソツなく付き合うには気を遣わなくてはいけない。
他人の期待に応えようとするあまり、自分を犠牲にしている。
他人にどう思われるかを気にするあまり、疲弊してしまう。

気づかいで疲れてしまう人々は、こんなふうに無理しているからではないでしょうか。私の考える「気くばり」とは My Pleasure（喜んで）なので疲れないのです。

無理をして気を遣うのではなく、相手を思う気持ちを言葉や行動にしているだけ。だから疲れないのです。

「気くばり」は疲れるものだと思っているあなたは、まず好きな人に「気くばり」することから始めてみませんか。 きっと「気くばり」が楽しくなり、気を遣いすぎて疲れることはなくなるでしょう。

まずは好きな人に「気くばり」することから始めよう

気くばりとは、親切ではない

「まずは、好きな人に気くばりすることから始めよう」。

最初から全員に、平等に気くばりしないといけないと思うから疲れてしまうのです。

そう聞いて抵抗を感じた人は、きっと優しい人か、生真面目な人なのでしょう。

「気くばりで人を選り好みするなんて、よくない」「誰に対しても親切にしなくてはいけない」と思ったかもしれません。

誰に対しても親切であるのは、素晴らしいことだと思います。たしかに私もそうありたいなと思いますし、実際、誰に対しても親切であるよう心がけています。

しかし、「ただ単に親切であること」と「本当に相手のために心を砕いて気くばりをすること」は違います。

本書でいう「気くばり」とは、単なる親切よりもずっと深い、いわば「愛の為せる業」とも呼べるもの。

相手に対する愛、さらには自分に対する愛ゆえに、幸せなコミュニケーションをとり、幸せな人間関係を築いていくためのものなのです。

時間は有限であり、人生にもいつか終わりが来ます。永遠ではないからこそ、なるべく、親しくなりたい人、好きな人とだけ深く付き合うことに時間を使いたい。私にとって「気くばり」とは、そのためにすることなのです。

「みんなに等しく」ではなく、「本当に大切にしたい人」に思いっきり気くばりをする。

すると、こんなことが起こります。

- 初対面が怖くなくなる
- 好かれたい人に好かれる

・苦手な人が近くからいなくなり、トラブルに巻き込まれない
・よいご縁やチャンスやお金ばかりに恵まれるようになる

ご縁もチャンスも、人生をよりよくしてくれるものは、たいてい「人」が運んでくれるものです。

それほど親しく付き合いたいと思えない人たちにまで向けていた意識を、本当に親しく付き合いたいと思える人たちへ向けることができれば、**必然的に人間関係が濃く強くなり、全方位的にいいことが起こるのです。**

「本当に大切にしたい人」に思いっきり気くばりをする

気くばり下手はどんな人？

なかなか上手に気くばりができない人の根っこには、「私なんか」というマインドがあるケースが少なくありません。

「私なんか」が気くばりをしても、相手に喜んでもらえないのではないか。
「私なんか」が気くばりをしたら迷惑になるのではないか。
「私なんか」が気くばりをして相手に喜んでもらうには、もっといい人間にならなくてはいけないのではないか。

心の奥底でそう思っていたら、たしかに、いくら相手を大切に思っていても、その気持ちを行動に表すのは難しくなってしまうでしょう。

こうした自己肯定感の低さゆえに、相手に心を寄せているのに、伝わりづらい。それでも気くばりをしようと思うと、自分に無理をさせることになって疲れてしまう。

すごくもったいないなと思います。

もし、そういう人がいるのなら、お伝えしたいのは「完璧ではない、ありのままの自分で大丈夫」ということです。

私は「なぜモモさんはすごい人と知りあって、そんなに仲良くなれるの」と、よく聞かれます。たとえば、私と本田健さんの出逢いは、1通のメッセージから始まりました。健さんが、私が住んでいるデュッセルドルフの隣町、ケルンで講演会に登壇されると聞き、健さんがケルンに来られるなら、何かお役に立てることがあれば嬉しい！と考えて、思わず健さんに直接、「健さんがケルンに来られると聞きました。もし私たちで、何かお役に立てることがあれば、嬉しいです」とそのままの気持ちをメッセージにしたのです。

もしここで、自己肯定感が低い人であれば、

「私なんかがメッセージを送っても、どうせ返事をくれないだろう、迷惑だろう」

と考えて、何も行動しないかもしれませんよね。

でも、**ここで何も行動しなければ、未来は1ミリも変わらないんです。**

やはりここでも「気くばり」戦略を発揮です。「お役に立てると嬉しいなぁ」と思っているだけで、言葉にしなければ健さんに伝わりませんよね。私は、自称〝空より高い自己肯定感〟なので、まずＮＯと言われる想定がないのです。もしＮＯと言われてもそれによって、私は傷つきません。たとえ返事がなくても、それは忙しかったのかもしれないし、メッセージが見つけられなかったのかもしれないし、他の人が助けてくれたのかもしれないだけで、私を否定されたわけではないからです。でもここで、自己肯定感が低い人だと、「やっぱり私はダメなんだ」「私なんて、健さんに相手にされるわけがないよね」と、勝手に解釈して、落ち込むケースが考えられます。**自己肯定感を上げると、人づきあいがとてもラクになるのです。**気くばりも同じこと。相手にどう思われるかを考えすぎて悩むことも、疲れることもないですし、考えすぎて行動できないということがなくなります。

さらにいうと、私は人と会うときだけでなく、誰かにメッセージを送る時にも必ず愛とエネルギーを乗せています。それが相手に届くことがわかっているから……。だから「ＹＥＳ」と言ってもらえることが多いのです。

気くばりをして喜んでもらえるようになるには、何やら人間として一段も二段もレベルアップしなくてはいけないのではありません。

必要なのは、今の自分のまま、ただ気くばりに必要なマインドとノウハウを身に付けていくことだけ。

人としての自分は、今のままで十分すぎるくらいオーケーなのです。

気くばりは、まずマインドセットが大事

Prologue

POINT

- まずは好きな人に「気くばり」することから始めよう
- 「本当に大切にしたい人」に思いっきり気くばりをする
- 気くばりは、まずマインドセットが大事

Chapter

01

気くばりをする準備

この章では、気くばりの一番の土台となることをお話ししていきます。
あとの章で紹介するノウハウは、
この章の内容があってこそ効果を発揮します。
しっかりとお読みいただけたら嬉しいです。
土台なのでマインド面の話が多くなりますが、
何か手はじめに実践できるよう、簡単なワークも設けました。
では、はじめましょう。

「私は大丈夫、あなたも大丈夫」のマインドセット

気くばりにおいて何よりも大事なのは、自己肯定感だと私は考えています。本書の気くばり人を否定しない、ジャッジしない、肯定する、丸ごと受け入れる。には、こうした意識が必要なのですが、自分自身に対してできないことを、人に対してするのは至難の業でしょう。

つまり、まず、自己を肯定すること——ありのままの自分を丸ごと受け入れることができてはじめて、人のことも丸ごと受け入れ、心からの気くばりができるようになるのです。

いうなれば、最初に「アイムオーケー（私は大丈夫）」のマインドになると、自然に「ユーアーオーケー（あなたも大丈夫）」のマインドも生まれる。

それが、気くばりという実際の行為につながっていくということです。

それに、すでに伝わっているかもしれませんが、本書でいう気くばりは、誰からも好かれようとしたり、誰とでもソツなく付き合ったりするためのものではありません。

本書でいう気くばりとは、自分が気くばりをしたいと思える相手に喜んでもらうため、そうすることで自分自身が満たされるためのもの。つまり、かなり自分ファースト寄りといっていいでしょう。

自分を削ってまで相手を満たそうとするのではなく、**相手を満たすことで自分も満たされるというのが、私の考える気くばりです。**

そういう意味での気くばりをしていくためにも、まず自己肯定感を上げることが必要なのです。

気くばりで何よりも大事なのは、実は自己肯定感

自己肯定感を上げるワーク

ではここで、さっそくひとつワークをご紹介しましょう。

気くばりで一番大事なのは自己肯定感と言われても、「さあ、これから自己肯定感、どんどん上げていこう！」といって、上がるものではありません。こんなスローガンひとつで自己肯定感が上がるのなら、誰も苦労はしないはずです。

世の中には「自己肯定感を上げるためのノウハウ」本がたくさんあります。

つまり、それだけ多くの人にとって自己肯定感は人生の課題であり、しかも「上げよう」と思っても、そう簡単には上がらないものだということでしょう。

というわけで、本書でも「自己肯定感が大事」とお伝えした以上は、実際に自己肯定感を上げていくお手伝いをさせてください。

これからご紹介するのは、私のセミナーでもよく取り入れ、参加者の方々から、とても効果がある！　と実証済みのワークです。

やっていただきたいことは3つあるのですが、ここでは、その3つを1カ月ごとに分け、合計3カ月のワークとしました。
ぜひ今日から試していただければと思います。

WORK 1

1カ月目――
毎日、「私は、私のことが大好き」と口に出して言う

まず、このシンプルなアファメーション（ポジティブな自己宣言）で、自己肯定感の土台を整えましょう。

日本には「言霊《ことだま》」という思想があります。「言霊」とは「言葉には魂が宿る」と信じられていることです。よい言葉を使えば、よいことが起こり、悪い言葉を使えば悪いことが起こるということですね。それほど、言葉にはとても強い影響力があります。

心のなかで思うだけでは、あまり効果はありません。自分の口から出た言葉を自分の耳で聞くことで、より一層、効果がアップします。自分の声で言う「大好き」がフィードバ

ックされ、脳にインプットされていくため、口に出して言うことが肝心です。

これをひたすら1カ月間、続けます。

大好きな人のために何かをしてあげたいと思うのは、自然な心理です。

毎日、「私は私のことが大好き」と口に出しているうちに、もしかしたら、自分の言葉に影響されて、自分にしてあげたいことができるかもしれません。

それを実践するのも、いいでしょう。自分のためにお花を買って帰る、自分の欲しいものを自分にプレゼントしてあげる、ちょっと素敵なカフェでゆっくりお茶を飲むなど、どんどん「私は私のことが大好き」という気持ちを行動で表して、大好きな自分をたくさん大切にしてあげてください。

WORK
2

2カ月目——
毎日、自分を褒める

自己肯定感があまり高くない人の共通点のひとつに、「完璧主義であるがゆえに自分を褒められない」ということが挙げられます。

たとえば、子供の頃テストで99点だった時、親に〝100点じゃなくて残念だったね〟と言われ、褒めてもらえなかった……ということをずっと覚えている友人がいます。完璧でないと親に褒めてもらえなかったとか、クラスで2番の成績だと親から認めてもらえなかったなど、生育環境が関係しているケースです。

あとは、「お姉ちゃん（お兄ちゃん）なんだからしっかりしなさい！」と言われて育ってきた長女や長男にも、自己肯定感の低い人がよく見られます。そのほか、真面目な人、がんばりやさんも、完璧主義に陥りがちです。

「99点」も「2番」もすごいことなのだから、手放しに自分を褒めていいのです。

それどころか、たとえ「ビリ」だろうと「0点」だろうと、自分という人間の価値は1ミリも損なわれません。

いい結果は出せなかったとしても、そんなことが些末《さまつ》に思えてくるくらい、自分には素晴らしいところがたくさんあるはずだからです。

それを積極的に見つけようというのが、この2カ月目のワークの目的です。

完璧ではない自分を受け入れる。いいえ、本当は、今のありのままの自分も褒めてよいのだと気づくということです。もう完璧を目指す必要も、周囲に対して完璧に見せる必要もなくなるので、すごくラクになります。

欠けているところにフォーカスする減点方式ではなく、すでにあるものにフォーカスする加点方式へと、自分に対する態度を変えていきましょう。

ワーク2のルールは次の3つ。

WORK

2

RULE

ルール1　必ず1日に3つ、褒める

ルール2　「行動」を褒める

ルール3　この1カ月の間、同じことで褒めないつまり1カ月を30日とすると、90個の自分の行動を褒めるということ。

すると、何をやっても「私、すごい」と思えるようになります。

1日3つ、しかも前に褒めたものと被ってはいけないとなると、際立って「すごいこと」を褒めるだけでは、とうてい足りません。

だから、どんどん褒めることのハードルが低くなり、「ほんの小さな日常の行為や態度」、いってしまえば「どうでもいいこと」についても褒め始めるでしょう。

だいたい最初は、「電車でお年を召した方に席を譲った」「階段で荷物が重そうで困っている人の荷物を持ってあげた」「道に迷っている外国人を目的地まで連れて行ってあげた」などとかなり褒める内容も高度なのですが、そんなことが毎日起こるはずもなく、だんだん褒めるハードルを下げないと、褒めるところが見つからなくなってきます。

そこで、

「今日はお風呂に入った」

「朝、歯磨きした」

「夜寝る前も歯磨きした」

「朝、遅刻しないように起きた」

「出かけるときに鍵を閉めた」

「電車を乗り間違えなかった」

「会社に行った」

「自分からあいさつした」

「今日も生きていることに感謝した」

という感じ。


こうして、何をしても褒めるようにもっていくことが、このワークの目的です。

というのも、本当の自己肯定感とは、無条件で自分を受け入れられることだから。

毎日3つ、1カ月で約90個、自分を褒めることで、「私は○○をしたからすごい」という条件が次第に失われていきます。


そして、「何をしても（そして、どんな自分でも）すごい」という無条件の自己肯定感が、自然と自分のなかでふくらんでいく。この変化を起こすためのワークなのです。

WORK 3

3カ月目——毎日、他者を褒める

1カ月間、自分を褒めたら、次は周りの人たちを褒めていきます。

褒める相手は家族、会社の人、毎日会う知人、誰でもいいのですが、「関係性をよくしたい人」だと、より効果的でしょう。

ここでも1日3つ、毎日、重複のないように褒めたいところですが、もし大変だったら、他者を褒めるワークの場合、ひとつやふたつでもかまいません。とにかく毎日、何かしら相手を褒めること（褒めるところを見つけようとすること）が重要です。

すると、2カ月目で自分に対して起こった意識変革が、他者に対しても起こります。

2カ月目のワークで、すでに完璧ではない自分を受け入れたので、他者に対しても完璧を求めなくなります。自分を褒めるハードルが下がってきたように、他者を褒めるハードルも下がってくるということです。

際立って「すごいこと」だけでは褒めるネタ切れになって、だんだんと「ほんの小さな日常的な行為や態度」を褒めるようになるうちに、「何をやってもすごい」という無条件の他者肯定感が自然と生まれ、そこから感謝の気持ちが湧いてくるようになるのです。

たとえば、2カ月目、他者を褒めるワークで「夫」を選んだとしましょう。

「ゴミを捨てに行ってくれた」
「帰りに牛乳を買ってきてくれた」
「出かけるときに、行ってきますと言った」
「今日は服のセンスがよい」
というようなことから始まり、だんだん、
「朝起きて会社に行った」
「寝坊しなかった」
「髭をそっていた」

「家に帰ってきた」

などと、これって褒めるに値することなのかな、ということまで褒め始めます。

2カ月目の自分を褒めるワークの時のように、どうでもよいようなことまで褒めるようになってきます。

そうすることで、「夫も意外と、毎日、頑張ってくれているのね」という感謝が生まれるようになるのが、不思議です。

気くばりには相手を否定しない、ジャッジしない、肯定する、丸ごと受け入れることが不可欠です。

そして、自分に対してできないことを人に対してするのは至難の業だから、まず自分を否定しない、ジャッジしない、肯定する、丸ごと受け入れることが重要です。

今のワーク1、2とワーク3は、まさにその順序を辿《たど》っています。

まず1、2で自己肯定感が高まると、3で他者肯定感も高まる。

しかも、他者を無条件で肯定できるようになると、また、そんな自分に対する無条件な肯定感もさらに上がるという好循環が生まれるのです。

ぜひ、他者を褒めるワークがうまくいったら、今よりもっと関係性をよくしたい人を選んで、引き続きやってみてくださいね。

自己肯定感と他者肯定感はゆっくり育てる

「開放の窓」を拡大していく

アメリカの心理学者、ジョセフ・ルフトとハリ・インガムが提唱した「ジョハリの窓」という考え方があります。これは、コミュニケーションにおける自己開示とコミュニケーションの円滑な進め方を考えるために提案された考え方です。

ジョハリとは、提案した二人の名前を組み合わせたものです。

ジョハリの窓は、対人関係における自己を4象限に分けたもので、「開放の窓」「盲点の窓」「秘密の窓」「未知の窓」から成ります。

「開放の窓」とは「自分自身にも他者にも知られている自己（公開された自己）」。

「盲点の窓」とは「自分自身は気づいていないが、他者には知られている自己」。

「秘密の窓」とは「自分自身は気づいているが、他者には知られていない自己（隠されている自己）」。

「未知の窓」とは「自分自身にも他者にも、まだ知られていない自己」。

このなかで、特に、本書でいう気くばりの点で注目したいのは「開放の窓」と「秘

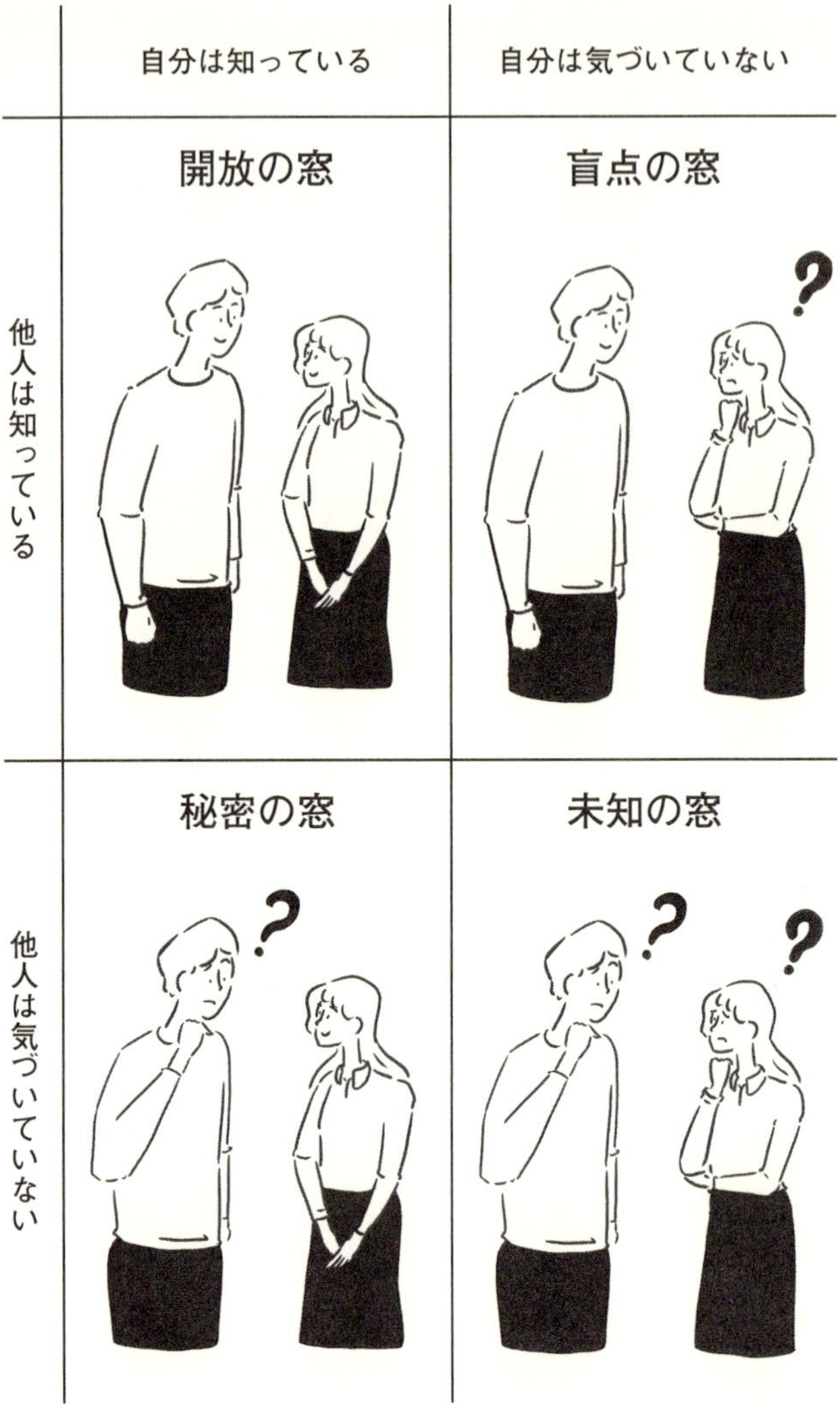
自分は知っている
自分は気づいていない
他人は知っている
他人は気づいていない
開放の窓
盲点の窓
秘密の窓
未知の窓

「ジョハリの窓」

密の窓」です。

第3章で詳しくお話ししますが、本書でいう気くばりでは、「自己開示」の意識が欠かせません。まず自ら心を開き、自身を開示することで、相手が安心できるコミュニケーション空間をつくるのも気くばりのうちだからです。

「ジョハリの窓」でいうと、「開放の窓」が大きい人は、この「自己開示」の意識を高めやすい。自ら開き、自身を開示するという気くばりに欠かせない条件が、もともと備わっているといえます。

逆に、「秘密の窓」が大きい人は、他者から隠している自己が多いということですから、自己開示の意識も持ちづらいでしょう。

すると、無自覚のうちに、相手に「何を考えているのかわからない」「どういう人なのかわからなくて、付き合いづらい」という印象を与える可能性も高くなります。

つまり、気くばり上手になるには「開放の窓」を拡大し、「秘密の窓」は縮小していったほうがいいということです。

では、それにはどうしたらいいかというと、今までお話ししてきた自己肯定感が鍵になるのです。

そもそも「開放の窓」が大きい人って、どんな人でしょうか。

自己の多くの部分を、包み隠さず他者に開示している。これは、自分で自分を受け入れていないと、なかなかできないことです。**「開放の窓」が大きい人とは、つまり「自己肯定感が高い人」といえるのです。**

私はとても親しくさせていただいているベストセラー作家の本田健さんから「モモちゃんは世界中どこに行っても、誰とでも友達になれる才能がすごい。そこは、僕がモモちゃんの一番すごいところだと思っていて、学びたいと思っているところだよ」と、とても嬉しいお言葉をいただいたことがあります。

世界中どこに行っても、誰とでも友達になれる才能があるとしたら……それはまさに、私の「開放の窓」がとても大きく、いつもウェルカムでオープンでいるからこそではないかと、自己分析しています。

世界中を旅しているので、旅先での出逢いは数え切れませんが、たとえばポルトガルのリスボンで訪れたレストランでの出来事。たまたま隣に座ったのが、奥様のバースデーのお祝いをしていたファミリーで、かなりワインを召し上がっていて、上機嫌なご主人が話しかけてくださり、「よかったらこのあと、我が家に遊びに来ないか？」と誘われました。初めて会った人の自宅、しかもレストランで隣に座っただけの人なのに、どうしようかと悩みましたが、息子さんカップルはドイツに住んでいるというシンクロもあり、これも一期一会かな……と、食事の後にドキドキしながら、手書きで書いてくれた住所をタクシーの運転手に渡して行ってみたところ……ウォーターフロントにあるマンションのペントハウスで、最上階のテラスにはプールがあり、それはもう、思いがけないほど素晴らしいおもてなしをしてくださいました。

別の機会では、シャンパーニュのホテルで出逢ったポーランド在住の韓国人カップル。女性が大のシャンパーニュ好きで、私とのシャンパーニュ談義がとても盛り上がり、その日のディナーの前にアペリティフをご馳走になったり、さらにはその後、デュッセルドルフまで会いに来てくれたり、彼女とは今でも仲良しです。

「開放の窓」を大きく広げていくことで、人との出逢いがどんどん楽しく、広がっていくのです。

先ほど、自己肯定感を高めるワークを紹介しました。

今の自己肯定感の程度は人それぞれでしょうから、もし、１回やってみて効果を感じなかったら、何度か繰り返してみてください。

こうして自己肯定感が高まるほどに、「開放の窓」も大きくなっていくでしょう。自然と自己開示の意識も高めやすくなり、気くばりじょうずになる最初のステップを難なくクリアできるというわけです。

さらに人との出逢いがどんどん楽しくなってくるでしょう。

「開放の窓」を徐々に広げていく

過去の捉え方で未来は変わる

自分を無条件に肯定し、他者を無条件に肯定するというのは、本書の気くばりの土台となるマインドです。

つまり、前項のワークを完遂《かんすい》すれば、ほぼ「気くばりの土台」は完成。

これ以降は補足的にお話ししていくことですので、みなさんの必要に応じて目を通し、取り入れていただければと思います。

誰にでも、過去に「うまくいかなかったこと」は少なからずあるでしょう。

うまくいかなかったのは、仕方ありません。

そのときの自分として、できる限りのことをしたのだから、自分を責める必要もありません（たとえ、がんばりきれなかったとしても、それには理由があったはずなので、やはり責める必要はありません）。

大事なのは、この先、どうするかです。

過去にうまくいかなかったことは、この先もきっとうまくいかないと思いがちです。

私も、最初の夫と離婚した後、そういう思考に陥った時期がありました。

「一度結婚がうまくいかなかったのだから、この先も、結婚して幸せに暮らすことはないんだろうな」という、漠然とした諦めのようなものがありました。

だからといって、過去にうまくいかなかったことは、この先もまたうまくいかないと決まっているわけではありません。

未来のことは何ひとつ決定事項ではなく、すべては「過去をどう捉えるか」で違ってくるのです。

セミナーなどで、私はよく、**「思い込みは〝重いゴミ〟」「3秒過去は生ゴミ」**とお話ししています。

ポジティブな思い込みは大歓迎なのですが、ネガティブな思い込みは、自分を尻込みさせ、ご縁やチャンスから遠ざける元凶となりかねません。

「過去にうまくいかなかったことは、この先もきっとうまくいかない」という思い込みも、重いゴミ。

いわば自分でかけた呪いですね。

自分でかけた呪いならば、自分で解くこともできます。

過ぎ去った過去はもう二度と戻ってきません。生ゴミを大切に抱えていても、臭いだけですよね。重くて、臭い生ゴミは捨てた方がすっきりするのです。

過去をじょうずに処理して、前向きな気持ちで、よりよい未来に向かえるようにしていきましょう。

ネガティブな思い込みは〝重いゴミ〟。さっさと捨てよう

「うまくいかなかった過去」を切り離す方法

「うまくいかなかったことは、次もうまくいかない」という思い込みは「重いゴミ」。ここで、過去をじょうずに処理し、前向きに未来に向かっていく方法を2つ紹介しておきましょう。


ひとつめは、「過去の意味付け」を変えること。

起こったことは変わりませんが、捉え方は何通りもあります。

そこで鍵となるのは、「うまくいかなかったという事実」と「うまくいかなかったときの感情」を切り離すことです。

うまくいかなかったら、誰だって悔しいし、悲しいでしょう。

その感情を次の奮起剤にできればいいのですが、悔しさや悲しみにばかりとらわれていては、いつまでも、うまくいかなかった過去は苦しい過去のまま。

そうなると、捉え方を変えることも難しいでしょう。

ここで起こった事実は事実として冷静に振り返ることができると、そこに含まれる教訓や、人生における意味、あるいは、「実はそれほど悪くなかった部分」などが見えてきます。

すると、その過去は、ただ悔しいだけ、悲しいだけの過去ではなくなります。

何かしら未来につながる学びを含んでいたり、次にはうまくいくよう、自分を励ましてくれたりするものになるでしょう。

過去の意味付けを変えるとは、こういうこと。

たとえば、私の離婚についても、そのときにはとても辛くて悲しいとしか思えなかったけれど、後から考えると、離婚したからこそ今の私があるのです。人は悲しいこと、辛いことを経験すればするほど、心の幅と深みを増していくのだと思います。

何も無理やりポジティブな意味付けをする必要はなくて、事実から感情を切り離し、事実だけを冷静に振り返ったときに自然と見えてくることを、しっかり捉えればいいだけなのです。

そしてもうひとつ、**過去を上手に処理する方法は、過去をすっかり「完了」させることです。**

自分のなかで過去に落とし前をつける、といってもいいかもしれません。

すると、「うまくいかなかったことは、この先もうまくいかない」という思い込み、重いゴミが消え去り、晴れやかな心、伸びやかな思考で、未来に向かうことができるでしょう。

では具体的にどうするかというと、「手紙を書くこと」です。

過去の出来事について、わだかまりがあるとか、不完全燃焼のまま自分の気持ちに「完了」できていない人に宛てて、思いの丈を書き綴る。

この手紙は出しても出さなくてもかまいません。もし出さないなら、書いた後で、ビリビリに破いて捨てたり、燃やしたりするのも、とても効果的です。

一番のポイントは、相手に伝えることではなく、自分の中のわだかまりや不完全燃焼になっている想いをアウトプットすることです。

実は私も、離婚後に「もう結婚して幸せに暮らす未来はない」という重いゴミを捨てるために、元夫に手紙を書きました。なぜなら、ずっと元夫に感謝の気持ちを伝えたかったのに、伝えられていなかったことでどこかモヤモヤして「完了」できていなかったからです。離婚して6年経った頃でした。感謝の気持ちを込めて、便箋3枚ギッシリと書き綴りました。書いただけでも気持ちがかなりスッキリしたのですが、私の場合はその手紙を元夫へ出しました。もちろん返事は期待していなかったのですが、なんと、半月くらい経った頃、元夫から手紙の返事が届いたのです。

私は感動して、涙が止まりませんでした。本当の意味で、自分の気持ちに「完了」できた気がしました。

想いは、不思議なくらい相手に伝わるのです。だから、手紙は出さなくても、あなたが辛かったこと、苦しかったこと、本当は感謝していたことなどを書けばよいだけです。

「私はあの時、とても辛かった」「苦しかった」「あなたを許します」「あなたを愛したことを後悔していません」「あなたに出逢えて幸せだったよ」「ありがとう」「素直になれなくて、ごめんなさい」など、とにかく誰もその手紙を読まないのですから、感情を出し切ることがポイントです。

それからほどなくして、私は、今の夫と出逢って結婚しました。

離婚当時は、思い描くことすらできなかった幸せ。

それを手にできたのは、もちろん、いろんな人との出逢いやご縁のおかげですが、そのうちのひとつは間違いなく、元夫に手紙を書いて過去を完了させ、重いゴミを捨てられたことだと思っています。

「一度結婚に失敗したら、もう結婚して幸せに暮らす未来はない」という思い込みから自分を解放したことで、結婚について前向きに考えられるようになったのです。

うまくいかなかった過去そのものが問題なのではなく、一番重要なのは、今の自分

が、その過去をどう捉えて、完了するか。

今、この瞬間からの意識次第で、過去について自分を責めたり後悔したりすることなく、前を向いて生きていくことができます。

まず、そう思うだけでも、重い過去がスッと軽くなる気がするはずです。

手紙を書いて、うまくいかなかった過去を完了させる

Chapter 01

POINT

- 気くばりで何よりも大事なのは、実は自己肯定感
- 自己肯定感と他者肯定感はゆっくり育てる
- 「開放の窓」を徐々に広げていく
- ネガティブな思い込みは〝重いゴミ〟。さっさと捨てよう
- 手紙を書いて、うまくいかなかった過去を完了させる

Chapter

02

気くばりの基本

第1章では、自己肯定感という一番大事な土台を整えました。
本章では、気くばりの基本の考え方をお伝えします。
意識のベクトルも行動のベクトルも、
相手に向けていきましょう。

「相手に興味をもつこと」が気くばりの出発点

相手がどんな人物で、どんなことを喜ぶのか、あるいは好まないのか。

こうしたことがわからなければ、的を射た気くばりができず、喜んでほしい相手に喜んでもらうこともできません。

つまり、**気くばりをするためには、相手をよく観察する必要がある。**言い換えれば、**相手に興味をもつことが、気くばりの出発点というわけです。**


相手に興味をもつと、相手の日ごろの言動にアンテナが張られ、相手がどんなことを喜ぶのかが見えてきます。

それが、誰に対しても同じ杓子定規の気くばりではなく、本当に相手のことを思った気くばりにつながります。

とはいえ、「相手に興味をもとう」と言われても、何から始めればいいか、迷ってしまうかもしれません。そんな方には相手との「共通点を探すゲーム」をおすすめします。

たとえば、

・兄弟はいらっしゃるのかな？　私と同じ、長女かな？　それとも、一人っ子かな？
・出身地はどこかな？　ちょっぴり関西弁だから、もしかして同じ関西人かも？
・ファッションセンスが素敵だし、アクセサリーも私好み！　このお洋服、私も似たのを持ってる！
・姿勢がよくて、言葉遣いも丁寧だから、お仕事は接客業かな？

などなど……楽しく、ゲーム感覚で妄想を膨らませていく感じです。

そこから、「もしかして……チラッと関西弁のような気がしたのですが、出身は関西ですか？　実は私も関西で、実家が神戸なんです」というように、会話のキャッチボールが始まっていくのです。

「共通点を探すゲーム」で相手に興味をもとう

人は自分と共通点が多い人に対して親近感を抱きやすいといわれています。これを心理学の用語で「類似性の法則」といいますが、「共通点を探すゲーム」は、「類似性の法則」の観点からもおすすめなのです。

「共通点を探すゲーム」でしてはいけない注意点としては、いきなり「結婚されていますか」「お子さんはいらっしゃいますか」などと、プライベートすぎる切り口から、質問してしまうこと。唐突すぎる質問には、くれぐれも注意してくださいね。

あくまでも、聞かれて困るような質問ではなくて、答えやすい質問から始めましょう。

相手に会う前からできること

即興で相手との共通点を探すのは、ハードルが高く難しいという方は、事前準備ができる場面で、相手のことを徹底的にリサーチすることから始めてみてください。ビジネスパーソンにとって、**事前準備は仕事の基本ですが、この基本を「徹底的に」やることが大切です。**

私が事前準備をするタイミングは、営業先や得意先への訪問があるときだけではありません。仕事のパートナー、一緒に働く同僚や友人、レストランに対しても同様に事前準備を徹底しています。

研修を担当させていただく会社については、その会社のHPを見れば、社訓や企業理念などが書かれており、打ち合わせの際にその話をすると「この講師はしっかりとうちの会社のことをわかってくれている」と相手に伝わり、かなり好印象です。

レストランについても同じことが言えます。予約する前に必ずHPを見るので、その際にシェフの経歴やそのレストランが大切にしていることをあらかじめ知っておくことができます。

そうすれば、たとえばソムリエの方に、

「このお店はナチュラルワインにこだわっていらっしゃるのですよね」

と話しかけて、ワインの話に花が咲き、いろいろとサービスしてもらえることも多々あります。

また、食後にシェフがテーブルまであいさつに来てくれたときにも、

「パリの○○で修業されていらっしゃったのですね」

などから会話が弾み、そこから私のことを覚えてくださって、そのお店から大切にしてもらえる客になることができます。

訪問前に相手のことを調べる

相手が喜ぶ言葉がわかったとき

気くばりをする際、覚えておいていただきたいのが、相手に「気を配ること」と、相手に「合わせること」は、まったく違うということです。

たとえば、日ごろ相手を観察してきた成果として、相手が言ってほしがっている言葉がわかったとします。

でも、自分の本心から言えないことならば、言うべきではないでしょう。

お世辞など心にもないことを言うのは、単なる迎合、おべっかです。

親しくしたい、好かれたい、嫌われたくないと思うあまり、つい相手に合わせてしまう。そのような気持ちは理解できなくもありませんが、相手の機嫌を取るだけでは、いつまでも表層的な関係が続くだけでしょう。

本心から出た言葉なのか、それとも、その場のご機嫌取りのために出た言葉なのかは、相手にも何となく伝わるものです。

みなさんにも、誰かの言葉に「これは私に合わせて適当に言っているだけだな」と思ったことがきっとあるでしょう。

では、そういう人のことを信頼し、これから親しくしたいと思えるでしょうか。

皮肉なことですが、「好かれよう、好かれよう」とするあまり、ご機嫌取りに終始し、言葉が上滑りするほどに、相手の心は離れてしまうものなのです。

正直でない人は、信頼も信用もされません。

つまり、**深い関係を築くには、相手と本心で向き合うことが一番**といっていいでしょう。

ありのままの本当の自分として相手と向き合っていく。ここでも、やはり自己肯定感の重要性がおわかりいただけるかと思います。

何より、相手に合わせようとして、心にもないことを言うことがしょっちゅうでは、自分が疲れてしまいます。

自分を偽るのは存外に心を削る行為なのです。

その相手といるときに、「本当の自分」でいられない時間が多いというのも、とても健全な関係とはいえませんね。

気くばりは、いっさい気疲れするものではなく、むしろ相手を喜ばせることで自分自身も満たされるもの。この本書の大前提からしても、今後、「相手に合わせる」という発想はナシにしましょう。

相手に興味をもって観察し、相手が喜びそうなこと、なおかつ——もっとも重要なこととして——自分が心からしたいと思うことだけを、心を込めて行動に移していってください。

たとえ相手が喜ぶ言葉だとしても、心にもないことは言わない

「ラポール」——相手に「愛の架け橋」をかける

「ラポール（rapport）」とは、ビジネスシーンでは、「相手と信頼関係を築き、よい人間関係を保つ」こと。もとは、心理セラピーで大切なものとして唱えられた臨床心理学用語なのですが、近年では、一般的な人間関係にも応用されるようになりました。

私はこれを、さらに自分なりに解釈し、コミュニケーションの講座などでは「愛の架け橋」と呼んでいます。

この意識があると、目の前の相手とのコミュニケーションが格段に向上するのです。

では、どうすればラポール、「愛の架け橋」をかけることができるでしょう。

試しに、今、親しくなりたいと思っている人や、大切な人のことを思い浮かべてみてください。

そして、**自分の胸のあたりと相手の胸のあたりに橋がかかって、温かい愛情でつな**

がっているようにイメージします。これが「愛の架け橋」＝ラポールです。

今はひとりで想像していただきましたが、これを実際に相手と向き合っているときに意識すると、それだけでも関係性がよくなってくるのです。目の前に相手がいる場合でも、Ｚｏｏｍなどのオンラインでも同じ効果が得られます。

不思議な話ですが、本当です。

仕事でも、たとえば契約のクロージング（成約）率が格段にアップしたり、上司との関係が格段によくなったりするでしょう。

現に、カード会社で働いている時も、ＳＮＳ集客のコンサルティングをしていた時も、ラポールを意識することによって、私のクロージング力は群を抜いて高くなりました。ですので、私はクロージングが大得意で、大好きなのです。

今でも私は、常にラポールを意識しています。

親しく付き合いたい人や大切な人だけでなく、たとえばタクシーに乗ったときも、運転手さんにラポールをかけてしまうくらいです。

きっと「運転手さんとは、その後、深い人間関係を続くわけでもないのに、なぜ？」と思われるかもしれません。

たしかに、その運転手さんと、また巡り合う可能性はとても低いでしょう。

それでもラポールをかけるのは、いいことがあるからです。

これも不思議なことに、運転手さんとの間にラポールをかけていると、急いでいる時でもたいていは、赤信号で引っかかったり渋滞に巻き込まれたりせずに、とてもスムーズに時間どおりに目的地に到着できるのです。もし、ラポールをかけずに、イライラしながら偉そうに「運転手さん、急いでいるので、とにかく早く行ってください！」と言ったとしたら、こんなにはスムーズにいきません。

ですからタクシーに乗り、後ろの座席に座ったら、まず運転手さんにラポールをかけること。そして、信号に引っかからずスイスイ進んで、スムーズに目的地に到着するイメージをするだけで、そのようになりますので、ぜひ試してみてください。

ほかにも、レストランで最初に案内してくださる方にラポールをかけると、そのレストランで一番いい席に案内してもらえたり、ソムリエにラポールをかけると、ワインを多めに注いでもらえたり、ホテルのチェックイン時、スタッフにラポールをかけると、部屋をアップグレードしてもらえたり、空港でのチェックインカウンターで地上スタッフにラポールをかけると、ビジネスクラスにアップグレードされたりしたことも……。

どんな場面でも、ラポールをかけるだけで、いいことがたくさん起こるようになります。

ラポールは、あくまでも自分の意識の話であり、実際に相手に何かをしてあげるのは、また別のことです。

でも、この意識の力というのが、なかなか侮れません。

行動は、意識によって変わるものでもあります。

まず自分からラポールをかけるようにすると、その愛情が、自然と笑顔や丁寧な言葉遣いなどに表れ、コミュニケーションが向上する。その結果、相手からも受け取るものが多くなる——という好循環が始まるのです。

ラポールを常に意識すると思わぬ「いいこと」が舞い込む

「上下関係」「損得勘定」は気くばりの邪魔をする

「周りに気を遣いすぎて疲れる」「相手に合わせようとして疲れる」こうした**気疲れを防ぐには、「上下関係」や「損得勘定」といった意識を捨てるのも効果的**でしょう。

相手との上下を意識しすぎると、自分より「上」の人に対しては、「失礼がないように」とか「うまく取り入ることができるように」などが気になって、なかなか本当の自分で向き合うことができません。

そうかと思えば、自分より「下」のように見なすと、ちょっと偉そうな態度になってしまったり、マウントを取ろうとしてしまったり……と、いいことがないのです。

「損得」も同じです。

たとえば相手が憧れの人であったり、有名な人であったり、いわゆる〝自分にとってすごい人〟と出逢った場合に、「こんな私が……」癖が出てくる人も少なくありません。

「こんな私が話しかけていいのだろうか」「この人に対して、私は何かメリットをもたらすことはできるのだろうか」など、自分を卑下して、話しかけられなかったり、せっかく話しかけても、関係がそれっきりになってしまったりすることはないでしょうか。そこも、第1章で伝えた自己肯定感の低さが大きく影響するポイントなのです。

自己肯定感を上げるワークで、「こんな私が」を手放し、相手に合わせたり、疲れる気づかいをしたりするのではなくて、**その人との会話を思いっきり楽しむことが大切です。**

「私と話しても何のメリットもない」「私なんて、彼と付き合う相手に相応しくない」などという自己肯定感の低さから、相手を必要以上に持ち上げたり、喜ばせたり、何とかしなきゃと焦りながら、気疲れするようなことはもうやめましょう。

私のメンターである本田健さんからこんなことを言ってもらったことがあります。

「モモちゃんは相手に対してメリットをもたらさないと、自分とは付き合ってもらえないというような垣根がない。大抵の人は、相手が大物だったりすると、〝何か相手に対してメリットがないと、私なんかと付き合ってもらえないのではないか〟というふうに考えるでしょう」

私は「この人と仲良くなっておいて損はない」という考え方が嫌いですし、私自身、誰かと出逢ったときに、そんなふうに考えたことがありません。

そもそも「好きかどうか」ではなく「自分の得になるかどうか」で付き合う相手を決めること自体、発想が貧しいと思います。そこから相手も自分もハッピーな人間関係が始まるとは、とてもイメージできないのです。

しかし、誰かと初めて話すときに、相手の年齢や立場が気になる人は多いのではないでしょうか。人間は社会的動物であり、「序列」をつけるのが社会というものですから、それも無理からぬことです。

特に日本語では、敬語（尊敬語、謙譲語、丁寧語）、さらにはタメ口と、相手によって使う言葉遣いが個別に確立されています。

それを遵守するには、最初に相手が自分よりも上なのか下なのかを知って、「どういう言葉遣いで話すのか」を判断しなくてはいけません。美しい言語文化ですが、そこに少し煩わしさを感じている人もまた、多いと思います。

しかし、上下関係を気にしていると、目上の人にはやたらと丁寧に話し、目下の人のことはぞんざいに扱うというように、あからさまな態度の違いが表れかねません。これでは気くばりとはいえませんね。

ですから、気になるのはわかりますが、まず「誰が上、誰が下」という発想をいったん取り払ってしまいましょう。

そして、みなをフラットに扱うように意識してみてください。

といっても、誰に対してもタメ口でオーケーということではありません。

「誰が上、誰が下」という発想を取り払い、みなをフラットに扱う。

これは、「みなを自分と同等に扱う」ということではなくて、「みなを等しく敬う」ということ。目上だからといってむやみに媚びへつらう必要もなければ、目下だからといってむやみにマウントをとる必要もありません。

つまり、誰に対しても敬意を払い、丁寧な態度で接することが、まず重要なのです。

私は、特に年下の人に接するときは、年齢差を上下差と感じさせないような、フラットな関係になるよう、年上の人に接するよりも、さらに気をくばって、こちらから声をかけるようにしています。

数人と一緒に会話している時、誰か一人だけその話についていけていないと察したら、すぐに声をかけて、今話している内容を補足説明するということも、気くばりのひとつです。

あとは、年下の相手が気を遣いすぎて、話しかけづらいかもしれないので、あえて、私は「モモって呼んでね」などと言うようにしています。そうすることによって、グッと距離感が縮まります。

年下の人にならば、「○○さんは、いつも友達からどのように呼ばれているの？」と聞いてみて、「そしたら、○○ちゃんって呼んでいい？」と気軽に呼び合えるような距離感と雰囲気作りに気くばりするとよいでしょう。

私はよく「人との距離を縮めるのが上手い！」「絶妙な距離感の取り方ができるよ

ね」と褒められます。

ファーストネームや、ニックネームで呼び合うこと、相手の愛称をつけて呼びかけたり、自分も「モモと呼んでね」などといったりすることで、年下の相手が緊張しないように、距離感を縮めていきましょう。

「上下関係」や「損得勘定」を考えず、みなを等しく敬う

「丁寧さ」と「親しみやすさ」を共存させるには

言うまでもなく、敬語のマナーは大事です。しかしそれにとらわれすぎて、血の通ったコミュニケーションができなくなってしまったら、それこそ本末転倒です。

そもそも敬語というのは、使い方ひとつで相手との距離を遠ざける効果があります。

たとえば、夫婦喧嘩をした際に、どちらの方が距離を感じますか？

A「あんたねー遅くなるときは、いつも連絡してって言ってるでしょう？　何度、おんなじことを言ったらわかるのよーもう、ほんっとに！」

B「遅くなるときはいつも連絡をしてほしいと今まで何度も何度も言ってきましたよね。何度同じことを言わせたら、あなたは理解するんですか。いい加減、やめていただけますか」

Bの方が、距離を感じ、突き放されたように思いませんか。

では、敬語を正しく使いながらも、相手の懐に入るためには、いったいどうしたらいいのでしょう。

ここでも絶大な効果を発揮してくれるのが、前にお話しした「ラポール」です。自分から相手に「愛の架け橋」をかける意識で接するのです。

すると、自然とウェルカミングな雰囲気が自分から醸し出されます。

それが「親近感」の元となり、基本は敬語でありながらも、相手を温かく包み込むような血の通ったコミュニケーションができるようになるでしょう。

誰に対しても丁寧で、言葉遣いもちゃんとしているのに、すごく親しみやすい。そういう人こそ、人は「また会いたい」と思うもの。「敬意＋ラポール」を意識するだけで、お互いに絶妙に心地よい距離感から、人間関係をスタートさせることができるのです。

そう考えると、やはり、敬語をきちんと使えることは重要です。

「です」「ます」を語尾にする程度の丁寧語やタメ口しか知らなかったら、それが唯一の自分の言語となってしまいます。

でも、これらに加えて尊敬語と謙譲語も知っていれば、相手との距離感の変化に応じて敬語のままでいることもできるし、丁寧語やタメ口に変えていくこともできます。尊敬語は相手の動作につける（相手を敬う）敬語で、謙譲語は自分の動作につける（自分がへりくだる）敬語です。それだけ覚えておけば、敬語の使い分けはそんなに難しいものではありません。

「知っている」というのは「選択肢が増える」ということです。より多くの状況に対応できるようにするための基本的な敬語は、覚えておくことをおすすめします。

敬意＋ラポールで、相手の懐に入って可愛がられる

自分のご機嫌スイッチを押す

いつも不機嫌な人や気分のムラが激しい人は、やっぱり付き合いづらいですよね。

よほど、それを補ってあまりあるほどの魅力を見いだせなければ、あまり親しくしたいとは思えないのではないでしょうか。


人間ですから、感情の波はあって当然です。

でも、それを一緒にいる相手に見せるかどうかは自分次第。

ちょっと虫の居所が悪いときでも、サッと自分で自分の機嫌をとることで、一緒にいる人に居心地の悪い思いをさせないようにするのも、気くばりのうちなのです。


まず、自分の状態を客観的に捉えられるようになることが大切です。

つまり、機嫌が悪いときに、「あ、今、自分は機嫌が悪いんだな」と自覚する。

これが当たり前のようで、実はできていない人が多いのです。

その自覚があればこそ、自分で自分の機嫌をとることもできるようになります。

それには**「自分は何をすると機嫌がよくなるのか」を知っておくこと**。

いわば自分の「ご機嫌スイッチ」をいくつかもっておいて、「あ、今、自分は機嫌が悪いんだな」と自覚したときに、そのスイッチを押せばいいのです。

これは、一緒に過ごす相手に対する気くばりであると同時に、自分に対する気くばりでもあります。

ご機嫌スイッチを押すことで、自分の不機嫌に自分自身が振り回され、疲弊してしまうのを避けることができるからです。

私も、ときにはイライラしたり、落ち込んだりします。

それでも「いつも機嫌がよさそう」と言われることが多いのは、自分のご機嫌スイッチがよくわかっているからでしょう。すぐに自分の機嫌をとるので、結果的に、表に見えている気分のムラが少ないのだと思います。

ちなみに、私の「ご機嫌スイッチ」はシャンパーニュです。イライラしても落ち込んでも、大好きなシャンパーニュを1杯飲んだら、もう上機嫌。ご機嫌スイッチオン！

あとは、香りもご機嫌にするアイテムのひとつですので、私のお部屋にはアロマのディフューザーを置いていて、いつもいい香りに包まれています。香りはわずか0・2秒で、脳に届くといわれています。そのため、香りは気持ちをリセットしたり、ストレスを軽減させたり、集中力を高めたり、ワクワクした気持ちが上昇したりするなど、香りをかぐことで自動的にリフレッシュ、リラックスできる効果があることがわかっています。

ほかには、ジャズピアニストの上原ひろみさんの「スパイラル」という曲も、ご機嫌スイッチのひとつです。

最初はゆるやかで、だんだんアップテンポになっていく曲なのですが、それと一緒に自分まで元気が出て活動的になれる気がするので、毎朝、聴いています。

このように、気分が落ちているときにすることだけでなく、1日のはじまりに、自分を元気にしてくれることをするのもいいでしょう。特に不機嫌なわけでなくても、

1日を機嫌よくスタートできるに越したことはありません。

さて、みなさんはいかがでしょう。

私の「シャンパーニュ」「アロマセラピー」「上原ひろみさんのスパイラル」のように、何をしたらご機嫌になれますか。

「好きな音（音楽）は何か」「好きな香りは何か」「好きな味（食べ物）は何か」などを足がかりにすると、探しやすいと思います。

自分のことは自分が一番わかっているようで、意外と、わかってないところも多いもの。これを機に自分の「ご機嫌スイッチ」を探し当てて、いつでも自分を瞬時に上機嫌にもっていけるようになりましょう。

自分で自分をご機嫌にすることも気くばり

気くばりを疎かにすると取り返しがつかなくなることがある

誰でも、疲れていたり、やることがいっぱいで追い詰められたりしているときには、気くばりをする余裕がなくなります。

しかし、ちょっとした気くばりを疎かにし、無礼をはたらいてしまうと、取り返しがつかなくなる場合もあります。

これは、ある方から聞いた話です。その方はグループチャットで、社外のプロジェクトメンバーから作成資料を共有されたとき、うっかりお礼のメッセージを送れていなかったそうです。

別の仕事に追われており、活発なグループチャットだったこともあり、どんどんほかのメッセージがたまり、自分がお礼のメッセージを送れていないことに気づけなかったといいます。数日後、取引先からお叱りを受け、プロジェクトは破談となってしまいました。

どんなに忙しくても「余裕」をもつことは大切です。

「忙しい」という漢字は「心を亡くす」と書きますよね。私は忙しいという言葉を使うのが嫌いなので、普段使わないようにしていますが、心に余裕がないと、気くばりやコミュニケーションが疎かになり、知らず知らずのうちに人とのつながりを弱めてしまったり、遠ざけてしまったりする可能性があります。

そのために、食事や睡眠といった基本的なことに気を配るのはもちろん、スケジュールにも意識的に「余白」を持たせることが重要です。

余裕をもつことで、忙しさに追われることなく、周囲への気くばりも忘れることなく、人間関係をよりよいものにできるのです。

また、研修コンサルティング会社に勤めていたときに、こんなオファーがありました。

新入社員が初めての契約をとってきた。後日、新入社員が上司を連れてごあいさつするため契約先を再訪すると、その上司の対応が、契約先に対してと、その新入社員に対してとで、まるで違っていて横柄だったという理由で、契約先から破談を申し込まれた……この一件で、企業から管理職のマナー研修を依頼されたということがあります。

せっかく新入社員が取ってきた契約を、上司が部下に対する気くばりや、丁寧な応対ができなかったばかりに、破談にされてしまったという残念なケースです。

管理職の方こそ、取引先だけでなく、部下に対する気くばりも忘れずにいてほしいですね。

仕事上のエピソードだけでなく、婚約者の彼があまりにもお店の店員さんやタクシーの運転手さんなどへ横柄な対応をすることに我慢できず、婚約を破棄したという友人もいます。

周囲への気くばりこそ見られているという意識を忘れてしまったら、取り返しのつかないことが起こってしまうということです。

周囲への気くばりも忘れないよう余裕をもとう

小さな成功体験を積み重ねよう

みなさんにとっては、本書を読んでいただいている今日が、「周りも自分も幸せになる気くばり」の第1日。

だとしたら、最初からあまりハードルを高くしないほうがいいかもしれませんね。

それぞれスタート地点は違うと思います。

人付き合いは嫌いなほうではないけれど、いまいち、上手に気くばりできないという人もいれば、そもそも人見知りで、人付き合いに恐怖感があるという人もいるでしょう。もしかしたら、気くばりをすることをちょっと面倒に思っている人もいるかもしれません。

でも、気くばりは決して難しいことではありません。

ただ、すっかり慣れて、まるで息をするように気くばりができるようになるには、経験を積む必要があることも事実です。

本書を読めば、気くばりのマインドを整えることはできます。

その時点で、きっと「なるほど、それほど難しそうではないな」と思っていただけるに違いありませんが、本当に大事なのは、それからです。

上達するには実践あるのみ。だから、私は「絶対に大丈夫だから、安心して実践していきましょう！」とお伝えしたいのです。


最初は小さなことからでいいのです。

小さなことでも、実践すればきっと手応えがあるでしょう。

たとえば、初対面の人に自分から笑顔で話しかけたら、向こうも笑顔で返してくれた、というようなこと。

こういう手応えが小さな成功体験になり、それが次なる実践のモチベーションになります。そこでまた手応えがあったら、それがさらに次の実践のモチベーションになるでしょう。

「ラポール」を意識してみる、「共通点を探すゲーム」をやってみるなど、本書で伝えていることを実践していただくと、間違いなく小さな成功体験を感じていただくことができるでしょう。

このように、**「小さな実践↓手応え↓成功体験↓モチベーションアップ」**という好循環を繰り返していくうちに、いつのまにか、人付き合いに対する苦手意識や恐怖心は消え失せているに違いありません。

もちろん、成功体験が積み重なるごとに、最初に整えた土台である自己肯定感も補強されていきます。すると、さらに実践することが怖くなくなり、怖くなくなるごとに、もっと実践できるという、別の好循環も生まれます。

そして、気づいたときには、すっかり気くばりが身についている、というわけです。

このプロセスは、とにかく最初の1歩がないと、始まりようがありません。

いろいろと不安はあるかもしれませんが、大丈夫。

安心して実践していきましょう。

小さなことから始めてみる

Chapter 02

POINT

- 「共通点を探すゲーム」で相手に興味をもとう
- 訪問前に相手のことを調べる
- たとえ相手が喜ぶ言葉だとしても、心にもないことは言わない
- ラポールを常に意識すると思わぬ「いいこと」が舞い込む
- 「上下関係」や「損得勘定」を考えず、みなを等しく敬う
- 敬意＋ラポールで、相手の懐に入って可愛がられる
- 自分で自分をご機嫌にすることも気くばり
- 周囲への気くばりも忘れないよう余裕をもとう
- 小さなことから始めてみる

Chapter

03

第一印象で心をつかむ

Chapter 03

本章では、気くばりのなかでも、
特に初対面のときに効果的な心得をお話ししていきます。
どうしたら第一印象で相手の心をつかみ、
一期一会の出逢いを良縁につなげることができるのか、
お伝えしていきましょう。

自己開示で一期一会を良縁に変える

よく「社会人になると、新しく友人や仲間をつくるのが難しい」と聞きます。

それは「出逢いの機会がないから」というよりも、「出逢いを次につなげられないから」という理由のほうが大きいのではないでしょうか。

そこが学生時代と違うところです。

学校では、同じ人たちと一定期間、共に過ごします。そのなかで、たとえば半年前までは話したことすらなかった子と、ひょんなことから無二の親友になっていた、なんてこともあったはずです。

学校には、人間関係が固定化しがちという問題もあるとは思います。でもその一方で、決まった人たちと一定期間、共に過ごす学校は、じっくりと人間関係を築く格好の場でもあったと言えるでしょう。

そこでは第一印象など、あまり関係ありません。

「はじめまして」のときの印象がよかろうと悪かろうと、どのみち、毎日、顔を合わせることになるからです。そのうちに、最初の印象がよくも悪くも大きく変わることも珍しくありません。

しかし社会人は違います。自分から積極的に求めない限り、「決まった人たちと一定期間、共に過ごす」という環境は、ほぼ失われてしまいます。強いて言えば、会社くらいのものでしょう。

それ以外の出逢いは、大半が「1回限り」。もとい、初対面でいい印象を残せなければ、いくらこちらが親しくなりたいと望んでも、「1回限りで終わってしまう可能性が高い」ものです。

つまりは、それだけ社会人にとっては、初対面でどんな印象を残すのかが重要ということ。

しかも、第一印象を後から覆すのは簡単ではありません。一期一会が、その後も続く良縁となるかどうかは、いかに最初にいい印象を残せるかにかかっているのです。

そこで本章では、気くばりのなかでも、特に初対面のときに効果的な心得をお話ししていきましょう。

まずマインド面からお話しすると、「自己開示の意識」をもつことが重要です。ちょっと堅苦しい表現になってしまいましたが、要するにオープンマインド、心が開かれた状態で相手と向き合うということです。

前にお話しした「ラポール」を覚えていますか。

ラポールとは、自分から相手に「愛の架け橋」をかけること。この意識があると、自己開示の意識ももちやすくなるでしょう。その「愛の架け橋」を相手にかけて、自分をオープンにしていくイメージです。

内側にこの意識があると、外側に表れるものも変わってきます。

一番大きいのは、なんといっても、自然に「笑顔」になること。

自然とこぼれる心からの笑顔を不快に思う人はいません。それだけで相手に好印象を残すことができるのです。

また、自己開示の意識があると、あいさつも自然と「自分から」になります。

向こうから話しかけてもらうまで、自分を閉じている「待ちの姿勢」ではなくて、こちらから先に心を開いて歩み寄る。これも好印象につながることは、言うまでもないでしょう。

私は新入社員研修のときに、いつも「あいさつ」の話をします。

挨拶という漢字の「挨」という漢字は訓読みすると「挨《ひら》く」と読み、「拶」は「拶《せま》る」と読みます。これは、禅の「挨く、拶る」からきており、挨拶というのは「挨（自分から心を開いて）いて　拶（相手にせま）る」という意味の漢字なのです。

また自己開示の意識があると、自然と「私はこういう人間です」と示すことにもなるはずです。

はじめて出逢った人がどんな人間か、わからないうちは不安ですから、自ら人間性を開示することも相手に安心感を与え、好印象につながります。

特に初対面は、主にお互いの基本情報を交換する場です。

情報が明らかになるごとに、その後の関係性のイメージも湧きやすくなります。

つまり、初対面時に笑顔とともに自ら情報をオープンにすることで、相手はあなたについて、「この人とはこういう関係を築きたいな」というイメージを抱くようになる。

こうして、一期一会が良縁に変わる扉が開かれるというわけです。

みなさんのなかには、自分を積極的に開示したり、自分のことを話すのがあまり得意でない人もいるでしょう。

でも、心配することはありません。むしろ、いくら自己開示の意識が重要といっても、自分ばかり話すのは禁物なので（この点については第4章でお話しします）、聞き手に回るのは決して悪いことではないのです。

ちょうどよい加減で自分について話せたら上出来ですが、まず、笑顔で自分からあいさつするだけでも効果てきめんです。

もちろん、無理して笑顔をつくるということではありません。相手にラポールをかけて愛の笑顔を届けるようなイメージでいれば、自然と笑みがこぼれるでしょう。それこそが第一印象の決め手になります。

自分からあいさつをするのも自己開示

「目でも笑う」
――これで笑顔の効果は最大限に

前項でお話ししたように、見た目のなかでも最強なのは笑顔です。

ひと言も言葉を交わさないうちに、もう雰囲気から打ち解けてしまう。笑顔こそ、万人に通じるアイスブレーカーといっていいでしょう。

そんな笑顔の効果は、あることを意識すると、最大限にまで高めることができます。それが「目でも笑うこと」なのです。

口元の笑顔と目元の笑顔、この2つがセットになると、一気に「わあ、素敵だな」と思ってもらえるような笑顔になります。

よく笑顔の心得として「口角《こうかく》を上げよう」といいますが、それだけに専念するのは得策ではないでしょう。口角ばかり意識していると、「口元だけが極端に笑っている」という、アンバランスな笑顔がクセになってしまうからです。

「目は口ほどにものを言う」なんて言葉もあるとおり、目は多くを語ります。

ですから、口は笑っていても目が笑っていないと、そこに人は何か含みを感じ取り、「なんか怖い」「本当は何を考えているのかわからない」「腹にイチモツありそう」といった印象を抱かれかねません。


もちろん「口角が上がっていること」も笑顔の一条件なので、笑顔の練習をするなら、口元と目元、両方を一緒に鍛えてしまいましょう。

簡単に口角を上げるためにはアイウエオの「イ」の発音で終わる言葉を言ってみましょう。そうすると、自然に口角が上がります。

「大好き（イ）」「可愛い（イ）」「きれい（イ）」「カッコイイ（イ）」など、鏡を見るタイミングで言ってみてくださいね。

歯磨きやメイク、ヘアセット、あるいは出先のショーウインドウなど、鏡を見るたびにやってみると習慣になるでしょう。

そうしたら、次に、手のひらなどで口元を隠してみてください。

この状態で鏡に映っているご自身の顔は、笑顔に見えるでしょうか。

目元を見ただけで、口角も上がっている満面の笑みをイメージできますか。

おそらく、「あれ？　よくわからない……」という人が多いと思います。

でも、安心してください。

私のセミナーでも、よく同様のワークをします。

受講者同士で口元を隠して笑っていただくのですが、「目元だけでは笑顔に見えない」という人が大半です。「がんばって笑顔をつくっているつもりなのに……」という方も少なくありません。

そこでみなさん、いったんショックを受けるのですが、その後、少し心がけるだけで、すぐに「目元の笑顔」を習得できたというご報告を、たくさんいただきます。

みなさんも、もし、口元を隠した状態では笑顔に見えないようなら、その流れで「目でも笑うこと」を意識してみましょう。

物理的には頬を少し持ち上げる感じになりますが、一番大事なのは「目」です。

イメージとしては目に「愛」を宿らせる感じ。すると頬が引き上がるのと一緒に、

①「イ」の発音で終わる言葉を言い、口角を上げる

②口元を隠しても笑顔に見えるかどうかチェック

③瞳に愛を宿らせるように意識しながら頬を少し
引き上げる

誰でもできる笑顔トレーニング

眼差しそのものが笑みを含み、輝きます。これで目元の笑顔の完成です。

説明を読んだだけでは、少しわかりづらかったかもしれませんね。
ぜひ、今すぐにでも鏡の前で試してみてください。
①まず「イ」の発音で終わる言葉を言い、口角を上げる
②口元を隠しても笑顔に見えるかどうかチェック
③瞳に愛を宿らせるように意識しながら、頬を少し引き上げる
1日のなかで鏡を見るタイミングはたくさんあるでしょう。
そのたびに①～③を行うようにしていれば、口元も目元も笑っている「最高の笑顔」が身につくのに、それほど日数はかからないはずです。

練習すれば誰でも自然な笑顔をつくれる

「身だしなみ」も気くばりのひとつ

誰かと話しているとき、人は同時にさまざまな情報をキャッチしています。

それを大きく視覚情報、聴覚情報、言語情報に分けた場合、相手からキャッチする情報の割合は、視覚情報が55パーセント、聴覚情報が38パーセント、言語情報が7パーセントといわれています。これを「メラビアンの法則」といいます。

ここから何が言えるかというと、一期一会が良縁につながるかどうかを分ける第一印象をよくするために、まず重視したいのは視覚情報ということです。

つまり、もちろん「何を話すか、どう話すか（どんなトーンやスピードで話すか）」も大事なのですが、まず「どう見せるか」を意識したほうが、特に初対面では効果的なのです。

55パーセントを占める視覚情報とは、表情、装い、仕草、視線、身だしなみなど。表情については、すでにお話ししました。そう、笑顔が一番というのは、実はメラビアンの法則に鑑みても理に適《かな》っているのです。

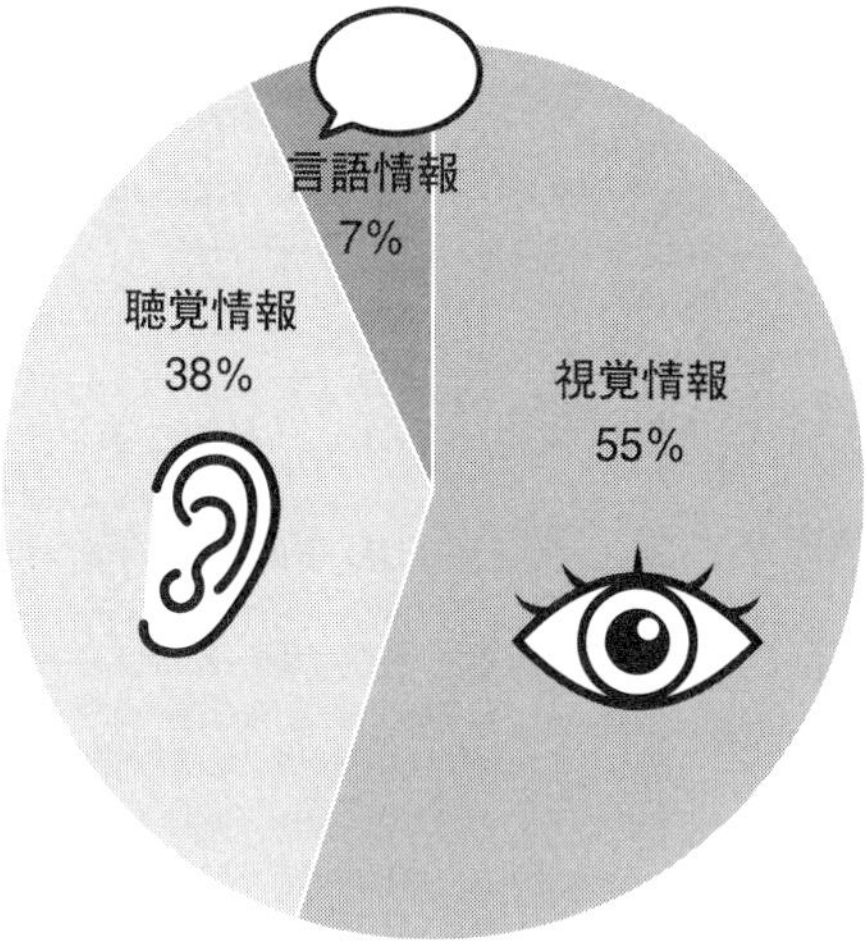

メラビアンの法則

言うまでもなく、爪や髪の毛をちゃんとするなど最低限の身だしなみは鉄則です。ビジネスマナーの研修で、私は必ず「おしゃれは自分のため、身だしなみは相手のため」と伝えています。

老若男女を問わず、相手に受け入れてもらうには「清潔感」が何よりも大切です。たとえば、シャツやズボン、スカート、ハンカチにピシッとアイロンがかけられていること。

女性であれば、ストッキングが伝線していないことも大事ですから、ストッキングは必ず予備を持ち歩くことをおすすめしています。

男性は、お客様宅を訪問したり、接待のお店で靴を脱ぐかもしれないので、靴下に穴が開いていたり、踵《かかと》が擦り切れていたりしないことも確認が必要です。

靴はビジネスパーソンにとって一番見られている大切なポイントなので、必ずピカピカに磨いておきましょう。

ビジネスシーンはもちろん、パーティー会場やきちんとした場面では、夏場にサンダルやミュール、冬場にブーツはNGであることも覚えておいてくださいね。

また、お客様のご自宅や畳を歩くような料亭であれば、裸足《はだし》もNGですので、靴下を持参しておき、サッと履いてから上がるとスマートです。

さらに、デキるビジネスパーソンは、ハンカチを2枚持ち歩き、お客様の前で使うハンカチと、自分がトイレなどで手を拭くハンカチを分けています。手を拭いたり、汗を拭いたりして、ビショ濡れのハンカチをお客様の前で見せるのは、マナー違反です。

「身だしなみを整えましょう」と聞くと、当たり前のことだと思ったかもしれません。しかし、当たり前のことだからこそ、できていないと恥ずかしい思いをしますし、それだけで第一印象が悪くなるのはもったいないですよね。

決して油断せず、必ず鏡の前で身だしなみチェックをしましょう。

決して油断せず、身だしなみに気を配る

「どう見られるか」ではなく「どう見せたいか」

第一印象をよくする視覚情報は、まず身だしなみ。そのうえで「自分をどう見せたいか」を意識すると、いっそう効果的です。

会話（聴覚情報）というバーバルコミュニケーションに入る前に、見た目（視覚情報）というノンバーバルコミュニケーションで、自分をプレゼンテーションするというイメージです。

私の場合、講師として人前に立つときは「この人の話を聞いてみたい」「親しみやすい」「話がわかりやすそう」「信頼できる」というふうに感じてもらえるよう、自分をプレゼンテーションしています。

だから、笑顔はもちろんのこと、聞いている人たちと同じ目線になるよう、講演台から降りたり、みなさんのもとに一歩近づき、歩み寄ったりもします。

ただし「信頼できそうな印象」を与えることも重視しているので、メイクはラメなどを控えめに、服装はかっちりとしたスーツで、セミロングくらいの長さの髪の毛はぴっちりひとつにまとめる、という感じです。

でも、セミナーの受講者の方々とのオフ会や、プライベートなホームパーティなどでは、また別の装いになります。

華やかな印象や柔らかな印象のワンピースやドレスに、カールした髪の毛、もともとあまり派手なメイクはしないのですが、それでもポイントメイクで差し色を入れたり、少し華やかに見える工夫をすることが多いですね。

「身だしなみを整える」「TPOに適合する見た目にする」というのは当たり前の話ですが、そこに「自分をどう見せたいのか」という視点をひとつ入れると、より効果的に第一印象をプレゼンテーションできるでしょう。

心理学には「ドレス効果」という言葉があります。

人に対する評価や態度、行動は、その人の装い（服装）に大きく左右されるという人間心理を表す言葉なのですが、この心理メカニズムを逆手にとれば、見た目を意識することで、第一印象をコントロールすることができるというわけです。

これは決して「偽りの自分」を見せるということではありません。むしろ「私はこういう人間です」ということを、ノンバーバルで伝えるということです。

「見た目」というのはあなたの外見を表す最大のプレゼンテーションなのです。

あなたの「見た目」で、初めて会った人はあなたがどんな人なのかを推測していきます。見た目から得られる情報とは、あなたの職業、年収、年齢、家族構成、価値観、性格、習慣、趣味、ライフスタイルなど。

逆にいうと、あなたは相手からどんなふうに見られたいのかを、**自分で戦略的に演出すればいい**ともいえます。見られたい自分のイメージを決めて、自由自在に表現すればよいわけです。極端にいうと、実際にはそうではない自分であっても。

どんな場面でどういう人に会うかにもよりますが、あなたが引き寄せたい相手に相応しい自分を服装、髪形、メイクなどの外見で演出することはいくらでもできます。

言い換えれば、その瞬間だけでも**「俳優になれ！」**ということです。

ただ、そうはいっても、迷うこともあるかもしれません。そんなときは、ちょっと消極的にはなりますがビジネスのシーンでは、「迷ったら、やらない」ことをおすすめします。

企業の新人研修をしていたころは、いつもそう教えていました。

まだ社会経験の浅い新人の場合、いきなり見た目で自分をプレゼンテーションしようと思うと、程度がわからなくて大きく的を外しかねません。

社会人の第一歩という大事なタイミングに、そんなことでつまずくリスクを背負わせるのは、私としても避けたいところです。

まず「相手が誰であっても好印象を与えること」を目指してもらう。なぜなら、新入社員は先輩や上司、お客様から好かれて、可愛がってもらうということが大切ですので、最初から自分らしさを演出する、というのは違います。

その勘所がつかめてきた段階から、少しずつ自分を出していくようにしていくと、ちょうどよい加減に、見た目で自分をプレゼンテーションできるようになるのです。

みなさんのなかには、すでに社会経験を積んでいる方も多いでしょう。

それでも、見た目で自分をプレゼンテーションすることに不安を覚えたり、迷ったりしたら、まず「迷ったら、やらない」。そこから始めて、徐々に見た目に「自分らしさ」をプラスしていくといいでしょう。

まずはなりたい自分をイメージしてみるといいかもしれませんね。女性は特に、ヘアスタイルや服装、メイクなどを変えるだけで、ガラリと印象が変わります。**自己肯定感を上げる近道として、実は、外見から変えてみるのもとても効果的なのです。**

すると、きっと初対面の手応えが変わってくるはずです。

あなたが表現した「自分らしさ」に相手が反応して、そこから会話が弾んだり、「またお会いしましょう」と言われることが多くなったり……。

これこそ、「まず自分から開示する」という気くばりが奏功し、一期一会が良縁につながる扉が開かれたということです。

「見た目」で戦略的に自分を演出する

一段上の好印象をつくる「姿勢」「目線」

見た目の印象では「姿勢」も重要です。

自分の姿を見る機会が一番少ないのは、実は自分自身でしょう。

「毎日、鏡なら見ているよ」と思ったでしょうか。しかし、鏡の中の自分が普段の自分かと思ったら、大きな勘違いかもしれません。

鏡の前では、まず静止していますし、おそらく一番きれいな姿勢をとろうとするはずです。

だから鏡の前では背筋をピンと伸ばしていても、鏡から離れた瞬間からダランとなって、そのまま外出している……。決して珍しいことではないでしょう。

「いい姿勢」の意識が抜けると、姿勢は、いとも簡単に崩れてしまうものなのです。

といっても、常に強く姿勢を意識しなくてはいけないわけではありません。

「いい姿勢」を保つことを身体に覚え込ませれば、あとは、1日の始まりにサッと姿勢を整えるだけで、1日中、自然に保てるようになっていくでしょう。

私は仕事柄、姿勢をいつも意識しているので、姿勢がいいことを褒められることが多いです。

意識すれば、みなさんもいい姿勢を保つことが習慣になります。私がいつも意識していることは、左記のようなことです。

・丹田（おへその下あたり）に力を入れて座る
・背もたれにもたれない
・肘をつかない
・足を組まない

私の弟は小さい頃、食事中はいつもいい姿勢を心がけるために、母に背中から50センチの物差しをズボンの中まで差し込まれていました。とても印象的だったので、よく覚えています。そのおかげで、今は弟もとても姿勢がいいと褒められることが多いようです。

額から鼻あたりをぼんやり見る

姿勢がいい人は、凛とした印象を醸し出し、輝いて見えます。それだけで周囲から信頼を勝ち取ることができ、好印象を与えます。

まだお互いについて何も知らない初対面の場面では、なおのこと、姿勢が与える印象の影響は大きいでしょう。

もう1つ。意外と侮れないのは「目線」です。

よく「相手の目を見て話そう」といわれます。たしかに、アイコンタクトは「ちゃんとあなたの話を聞いていますよ」というサインであり、信頼感につながります。欧米では、パートナーが目を見て話さないだけで、「あなた、浮気しているんでしょう」と疑われてしまうそうです。それほど、**アイコンタクトと信頼は、密接な関係がある**というわけです。

ただし、相手の目を凝視してしまうと、高圧的に感じられるおそれもあります。時折相手の目を見てアイコンタクトはとりつつ、基本的には、相手の額から鼻のあたりを「ぼんやり」見るようにすると、ちょうどいいでしょう。

相手の顔の一部分を見つめていると、その目線が気になって、相手は話に集中できなくなってしまいます。目線ひとつにも気をくばり、相手が話しやすい雰囲気にしてあげましょう。

最後に、これはしない方がよいということがひとつあります。時々、口元を手で隠して笑う人がいますよね。それは、外国人から見ると、とても不思議な行為なので、しない方がよいです。笑顔はあなたの第一印象をアップさせる最大の武器！　手で隠さずに最高の笑顔を届けましょう。

目線を意識して相手が話しやすい雰囲気をつくる

さて、本章では「初対面」を想定し、「自己開示」の意識の重要性、そして人に与える第一印象のうち55パーセントを占めるといわれる「見た目」についてお話ししてきました。

初対面の相手の目に入るもの――「表情」は常に笑顔で、「笑顔」は、口元だけでなく目元でも笑えたら言うことなし。

「装い」は基本の身だしなみとTPOに「自分らしさ」をプラスし、「姿勢」は美しく保つこと。そして「目線」は相手を凝視するのではなく、額や鼻のあたりに。

さらにいうと、「見た目」は戦略的に演出することができる、ということもお伝えしました。

こうした見た目を心がけるだけで、あなたの第一印象は格段によくなるでしょう。

Chapter 03
POINT

- 自分からあいさつをするのも自己開示
- 練習すれば誰でも自然な笑顔をつくれる
- 決して油断せず、身だしなみに気を配る
- 「見た目」で戦略的に自分を演出する
- 目線を意識して相手が話しやすい雰囲気をつくる

Chapter

04

誰とでも一瞬で打ち解ける

どんな声で、どう話すか。話す内容もさることながら、声のトーンやあいづち、投げかける質問など、ちょっとしたことでも、打ち解け具合や今後の関係性は変わってきます。

では、P108で説明した「メラビアンの法則」で38パーセントを占めるとされる「聴覚情報」はどうしたらいいでしょうか。

本章では、そんな聴覚情報を主に、相手と一瞬で打ち解け、良好な関係性へとつなげるコツをお話ししていきましょう。

声は「大きく、1トーン高く」がちょうどいい

みなさんは、人と話すときの自分の「声」を意識したことはありますか。

実は声ひとつでも、相手が抱く印象は大きく変わります。声を意識するのは、誰でも簡単にできて、かつ効果が高い方法なのです。

では、どんなことを心がけたらいいか。難しく考える必要はありません。

声は「大きめ」、そして「1トーン高く」。

自分では気付かないうちに、人は、意外と声が小さくなっているものです。

でも、モゴモゴと話していると、そんなつもりはなくても、相手に不安やイライラを感じさせかねません。

つまり、「大きめ」で「1トーン高い声」にするのは、相手にとって「聞きやすい声」になるよう、気を配ろうということなのです。

「大きめ」で「1トーン高い声」にするには、いつもより大きく口を開けて話すことを意識するといいでしょう。

日本人は口を横に広げて話す傾向があるといわれます。

ですから、ポイントは、なるべく口を「縦長」に開けること。

その目安は、「あ行」の発音をするときに、人差し指、中指、薬指の3本が縦に入るくらいです。

試してみると、かなり大きく口を開けていると感じる人が多いと思います。それくらいで、実はちょうどいいのです。

特に、人と話すときに「聞き返されることが多い」とか、「話が伝わりづらい」などと感じることが多い人は、口があまり開いていなくて、ボソボソと話してしまっている可能性があります。

ぜひ、すぐにでも試してみてくださいね。

こうして、大きめで1トーン高い声になるだけで、ハキハキと元気な印象になり、相手に感じのよい印象を与えることができます。

それに、同じことを話していても、**声がハキハキしていたほうが「話が明瞭でわかりやすい」という印象を与えやすいので、信頼感にもつながるのです。**

声ひとつに気を配るだけでも、ここまで印象が変わるのですから、試してみない手はないでしょう。

声は大きめ、1トーン高く

相手の名前を呼びかける

バーバルコミュニケーションのなかで、一番大事なのではないかと私が考えているのが、「名前を呼びかける」ことです。

たとえば企業の代表電話にかけたとき、保留後に「お待たせいたしました」と言われるのと、「○○様、お待たせいたしました」と言われるのとでは、その取り次ぎの方、ひいては企業そのものの印象は、後者のほうがずっといいですよね。

よく行くショップや飲食店などでも、「○○様（○○さん）、いらっしゃいませ」と名前を呼びかけられると、顧客満足度が高まり、特別なお客様として対応してもらっているようで、嬉しいのではないでしょうか。

名前は、言ってみれば、「自分の存在を表すもの」です。

要するに、名前を呼びかけられると、それだけで自分の存在を受け入れられ、認められているように、人は感じるものなのです。

ですから、初対面で互いの自己紹介が済んだら、会話の最中にも、時折相手の名前を呼びかけるといいでしょう。

「◯◯さんは、〜〜なんですか？」「◯◯さんは、〜〜なんですね」といった具合です。

その後、またお会いしたときも、まず、あいさつのときに「◯◯さん、こんにちは」「◯◯さん、ご無沙汰しております」などと、相手の名前を呼びかけます。あとは初対面のときと同様です。

すると、不思議なくらいコミュニケーションがとりやすくなり、スムーズに良好な人間関係を築きやすくなるのです。

また、お会いしているときだけでなく、メッセージツールでやり取りするときなども、「◯◯さん、こんにちは」「◯◯さん、ご無沙汰しております」と、最初に名前を呼びかけましょう。

メールだと必ず最初に宛名を記しますが、よりカジュアルなメッセージツールでは、いきなり本題に入ってしまう人も多いです。それだけに、最初に名前を呼びかけるだけで、ぐんと印象をよくすることができるのです。

ところで、相手をどう呼んだらいいのかと思っている人もいるかもしれません。たとえば、礼儀正しさをとるなら「名字」で呼んだほうがいいだろうか、それとも親しみやすさをとって名字ではなく「名前」で呼んだほうがいいだろうかと迷うこともあるでしょう。

礼儀か、親近感か、どちらをとったらいいのか。結論から言えば、名字で呼んでも親近感を抱いてもらうことはできますし、名前で呼んでも礼を尽くすことはできます。そのうえで、私は、相手を名前で呼ぶことが多いです。ただ、欧米と違って日本では「名字で呼ぶ」のが基本なので、最初は名字で呼ぶのが無難でしょう。

そして少し打ち解けてきたところで、「ところで、何とお呼びしたらいいですか？」と聞いて相手に決めてもらう。あるいは、もう少し踏み込んで「○○さん（名前）とお呼びしてもいいですか？」と言うのもひとつの方法です。

現在、私はドイツに住んでいるのですが、ドイツ語には、「あなた」を意味する単語が2つあります。

フォーマルな「あなた」は「Sie（ジー）」、カジュアルな「あなた」は「Du（ドゥー）」と言い、初対面から、ある程度、親しくなるまでは、「Sie（ジー）」と呼びかけなくては失礼に当たります。

そして少し親しくなってきたあたりで、「あなたのことを『Du（ドゥー）』と呼んでいいですか？」と確認するのが、ドイツ人たちの常識なのです。流れに任せるのではなく、あるタイミングに、きちんとコンセンサスをとるわけですね。

そうすれば距離感を測り間違えることなく、いい関係を築きやすいということなのでしょう。この「呼び方のコンセンサス」の習慣は、日本でも取り入れたらいいのではないかと考えます。

でも、急に「何とお呼びしたらいいですか？」「◯◯さん（名前）ってお呼びしてもよろしいですか？」と聞くのはハードルが高いかもしれません。

そういうことでしたら、ここでも第3章でお話しした「自己開示」。まずは自分からオープンハート！　を実践してみましょう。

自分から先に、「こう呼んでいただけたら嬉しいです」と示せば、その流れで、「◯

◯さん（名字）のことは、何とお呼びしたらいいですか？」「◯◯さん（名前）とお呼びしてもよろしいですか？」と聞きやすくなるでしょう。

私も、名前の「僚子」を「ともこ」と正しく読んでくださる方はあまりいらっしゃらないので、よく自分から「はじめまして。西村僚子《ともこ》と申します。みんなにはモモって呼ばれていますので、よかったらそう呼んでくださいね」と言っています。

海外でも「私の名前はTamaraよ、「Tammyって呼んでね」とか「私の名前はAgnieszkaって覚えにくいでしょう。だからAgaって呼んでね」などと言われることが多いです。

笑顔や声にも気をくばりつつ、このように自己開示すると、そこから一気に距離が縮まる感覚になれるのです。

ただ、ここまで呼び方についてお話ししてきましたが、呼び方を変えること自体は必須ではありません。

相手から、明確に「名前で呼ばれたい」とか、「このあだ名で呼ばれたい」といった意思表示があるのなら、もちろん、そのとおりにしたほうが親しくなりやすいでしょう。

でも、名字で呼んでいる限りは親しくなれない、なんてことはありません。

一番大事なのは、「あなたの話を聞いていますよ」「あなたのことを見ていますよ」と相手に明示すること。

そのために「自己の存在の表れ」である名前を呼びかけましょうという話なので、「どう呼ぶのか」は、どちらかというと副次的な話なのです。

ですから、最初のハードルは限りなく低くしましょう。

まず「名前（名字）を呼びかける」ことを最優先として、余裕があったら、より親しみを感じられる呼び方に変えることにも意識を向けてみてください。

相手の呼び方でも距離を縮められる

「聞き上手」になるあいづち術

人がキャッチする情報のうち、視覚情報に次いで聴覚情報が38パーセントを占めるといっても、そこで重要なのは「いかに話すか」だけではありません。

むしろ「いかに話さないか」のほうが重要なのです。

性格は人それぞれですが、誰もが、多かれ少なかれ「自分の話を聞いてほしい」と思っているものです。また、他者から関心を持たれて不快に感じる人は、あまりいないでしょう。

それは自分自身も同じ。放っておくと、つい自分ばっかり話してしまいかねないので、「聞く」ことを意識するのも大切です。感覚的ですが、「話す」と「聞く」の割合は、「2：8」くらい、と思っておくとちょうどいいでしょう。

そうはいっても、じっと黙っていたら、相手を不安にさせる可能性があります。

たとえ笑顔でも、何も言葉を発しなかったら「聞いてるのかな?」「何を考えているのかな?」と訝《いぶか》しがられてしまうでしょう。

そこは、相手が心地よく話せるよう、気を配る必要がありますね。「聞き上手」になるということです。

聞き上手になる基本は「あいづち」です。

「うん」「はい」「ええ」など、「聞いていますよ」というサインを示す最低限のあいづちに加えて、バリエーション豊かに反応できるのが、本当の聞き上手。

そこでぜひ意識したいのは、「リアクションあいづち」と「共感あいづち」です。

リアクションあいづちは、文字どおり、相手の話にしっかり「リアクションをとる」ということ。たとえば、「そうなんですね！」「そうだったんですか！」「おっしゃるとおりですね！」「たしかに！」「なるほど！」など。

それから、「あ行」と「は行」を意識するのもいいでしょう。

相手の話に納得したときの「ああ〜！」、考えさせられたときの「う〜ん」、びっくりしたときの「ええ〜！」「おお〜！」、感心したときの「へえ！」、ぞっとしたときの「ひええ」「ひいい」などなど。

◆リアクションあいづち

ああ〜！	へえ！
うーん	ほ〜
ええ〜！	そうなんですね！
おお〜！	そうだったんですか！
はーん	おっしゃるとおりですね！
ひええ！	たしかに！
ひいい！	なるほど！

◆共感あいづち

それは楽しかったでしょうね

嬉しいですね

大変でしたね

つらいですね

表情や仕草も大切です。笑顔を基本として、びっくりする話のときは、ちゃんとびっくりしてみせる、悲しい話のときはちゃんと悲しんでみせるというように、あいづちに表情や仕草の感情表現を乗せましょう。

共感あいづちとは、相手の心に寄り添って「共感を示す」ということ。「それは楽しかったでしょうね」「嬉しいですね」「大変でしたね」「つらいですね」などと、相手の話から「感情」の部分を抽出し、言葉にして返すことを意識すると実践しやすいでしょう。

また、「バックトラッキング」という方法を流用するのもひとつの方法です。バックトラッキングとは、相手が発した言葉を繰り返すこと。たとえば「先日、久しぶりに夫と外食したんです」と言われたら、「久しぶりにご主人と外食されたんですね」と返す。つまりオウム返しですね。

このバックトラッキングに共感をプラスすると、共感あいづちになります。

A「先日、久しぶりに夫と外食したんです」

B「久しぶりにご主人と外食されたんですね、**それは素敵ですね**」

A「息子が慶応に合格したのよ！」

B「きゃー息子さんが、慶応に合格されたんですね！　おめでとうございます。**それは嬉しいですね**」

このように、まず相手の言葉をバックトラッキングしてから感情を乗せると、より強く共感を示すことができるのです。

これくらいバリエーション豊かに反応していると、相手は、どんどん気分が乗ってきてたくさん話してくれるようになるでしょう。

「自分の話を聞いてほしい」という願望がある人にとって、気分が乗ってたくさん話せるのは気持ちのいいことです。

「モモさんと話していると、どんどん話しすぎちゃう」と言われることが多いのは、やはり聞き上手だからかな、と我ながら思います。

聞き上手になるために、あいづちのバリエーションを意識してみてくださいね。自然と相手の満足度は高くなりますし、そんなふうに話せるよう気を配ってくれた人に対しても、当然、好印象を抱くというわけです。

あいづちのバリエーションを増やしておく

会話が途切れない質問力

聞き上手になるといっても、いっさい話さないわけではありません。

相手の話を受けて、自分が話す場面もあって当然。となると、上手に相手の話を引き継ぎ、さらに広げるコツも知っておくといいでしょう。

リアクションあいづちや共感あいづちを打てば、たしかに相手に気持ちよく話してもらうことができます。

でも残念ながら、あいづちだけでは、話を広げることはできません。

あいづちは、あくまでも相手の話の「受け」であり、それだけだと一方的に話を聞くだけになってしまうのです。

すると相手もだんだんネタが尽きてきますし、「ずっと自分ばっかり話しているな」と自覚してきて、疲れすら感じてしまうかもしれません。

相手の話を受けるばかりでなく、ときには自分も質問したり、能動的に話すことで、より豊かな会話になるのです。

そこで鍵となるのが、こちらからも適宜、投げかけること。ちょうどいい質問をして、次の展開の取っ掛かりをつくることです。

といっても、最初から質問攻めにすると、相手に圧迫感を感じさせてしまいます。

質問には大きく「クローズドクエスチョン」と「オープンクエスチョン」の2種類があります。

クローズドクエスチョンとは、口を閉じたままでも答えられるような質問のこと。つまり、「はい／いいえ」もしくは「A or B」のひと言で簡単に答えられる質問であり、心理学では、相手の心理負担を軽減するといわれています。

ですから、会話の最初は、

「このランチ会にはおひとりでいらしたんですか？」

「駅から会場までは、迷わずに来られましたか」

「このセミナーに私は初めて参加したのですが、あなたも初めてですか」

「お住まいはこのお近くですか」

など、クローズドクエスチョンから始めるといいでしょう。

一方、「オープンクエスチョン」とは、「はい／いいえ」では答えられず、ある程度、返事に言葉数を要する質問です。

あまりにもクローズドクエスチョンが続くと、会話がぶつ切りになって発展していきません。相手に、次から次へと詰問されているような印象を与えてしまう可能性もあります。

ですから、2～3回クローズドクエスチョンをしたあとは、できるだけ早めにオープンクエスチョンをひとつ入れる……というように、工夫してみてください。多くても3つくらいクローズドクエスチョンをしたら、オープンクエスチョンに切り替えるといいでしょう。

「質問って、何を聞けばいいの？」と思ったかもしれませんが、会話を広げることが目的ですから、難しく考えることはありません。

会話を広げるには、相手の話のどこかに焦点を絞って問いを発すること。

5W1H＝「いつ」「どこ」「何」「誰」「なぜ」「どうやって」が念頭にあれば、何を聞いていいか困ることはないでしょう。

When いつ「いつ頃から主催者の○○さんとお知り合いなんですか」

Where どこ「どちらから来られましたか」

What 何「今日のイベントは何がメインなんでしょうね」

Who 誰「どなたのご紹介でいらっしゃったのですか」

Why なぜ「今日はどうしてこのセミナーに参加されようと思ったのですか」

How どうやって「ここまでは、どうやって来られたんですか」

初対面の方と話す場合、いきなり発展して突っ込んだ質問はしないはずなので、ある程度、このくらいのオープンクエスチョンは準備しておくと困らないでしょう。

あとは、相手の服装やアクセサリーなどについて、印象的なところがあれば聞いてみるのもいいでしょう。

「そのブラウス、とっても素敵です。どこで買われたんですか」

「そのイヤリング、とってもよくお似合いですね。どこのブランドのものか教えてもらえませんか」

ここでも第2章で伝えたことを思い出して、相手に興味をもって、観察し、それを相手に伝えるということをぜひ実践してください。

クローズドクエスチョンからオープンクエスチョンに切り替える

心地よい「言葉のラリー」を続けるには

前項では、会話が途切れない質問のコツをお話ししました。

会話とは、相手と自分の間で「言葉のラリー」を続けること。心地よいラリーが続けば続くほど、会話はより豊かに深くなり、良好な人間関係につながっていきます。

では、心地よいラリーとは、いったいどういうものでしょう。

たとえば、次のように、どんどん質問を投げかけて、相手にどんどん答えてもらう。

これは、はたして「心地よいラリー」といえるでしょうか。

自分「ご出身はどちらですか？」
相手「神戸です」
自分「そうなんですね。血液型は？」
相手「O型です」
自分「そうですか。何月生まれですか？」

相手「7月です」

たしかに言葉のやりとりは続いているし、この後も延々続けられそうです。

でも、これでは心地よいどころか、かなり居心地の悪い思いをさせてしまうことに気がつくでしょう。一問一答で一つひとつの会話が分断されていたら、いくら言葉のやり取りが続いたとしても、心地よいラリーとは言えませんよね。

そう、「ラリー」というからには、「会話の連続性」も重要なのです。

ひとつの話を足がかりにして話を広げ、またそれを足がかりとして話を広げる。このように数珠つなぎになっていて、かつ、いろんな方向に展開するのが、心地よい言葉のラリーであり、理想的な会話と言っていいでしょう。

なんだか難しそうだと思われてしまったかもしれませんが、実は簡単なこと。

なぜなら、**話を広げるための足がかりは、常に「相手の話」のなかに見つければいいだけだからです。**

たとえば、出身地の話になったときに、相手が「神戸出身です」と言ったとします。これに返す言葉としては、どんなものが浮かぶでしょうか。

神戸に行ったことや住んだことがあれば、

「神戸、○回ほど行ったことがあります（○年間くらい住んでいました）。神戸のどのあたりのご出身なんですか？」

神戸に住んだことも行ったこともなければ、

「神戸には行ったことがありません。神戸はおしゃれな街のイメージがありますが、どんなところですか？」

これで十分なのです。

もうひとつくらい例を挙げておきましょう。

趣味の話になったときに、相手が「映画鑑賞と海外旅行です」と言ったとしたら、どうでしょう。あなたなら、何を足がかりにして話を広げますか。

「映画、私も大好きです。今年のアカデミー賞受賞作の『○○○○』は、もうご覧になりましたか？」

「海外旅行ですか、いいですね。私は海外にはあまり行ったことがないんですけど、今まで行かれたなかで、一番、食べ物がおいしかったのはどこですか？」

やはり、これで十分なのです。

いかがでしょう。ぜんぜん難しくありませんよね。

今、挙げた例で試みているのは、要するに、「共通項を示す」「素朴な疑問を投げかける」ということです。第2章でお伝えした「共通点を探すゲーム」も思い出してみてください。

相手の話のなかに自分との共通項が見つかったら、その共通項を足がかりに話を広げる。たとえ何も共通項がなかったとしても、素朴な疑問を投げかければ、そこから十分、話を広げることはできるのです。

素朴な疑問を投げかけるだけで話は広がる

ちょうどいい間合いで話すコツ

会話では「間合い」も重要です。

まず前提として、「沈黙の間」を恐れないことが重要です。

というのも、沈黙を恐れていると、つい、あれこれと矢継ぎ早に質問を投げかけてしまって、相手を心理的に追い詰める恐れがあるからです。

たしかに、ずっと沈黙が続くのはお互いに気まずいものです。そんな思いをさせないのも気くばりのうちといえますが、かといって、沈黙の間をゼロにしようとがんばるのは、かえって逆効果を招きかねません。

たとえば前項で挙げた「心地よくないラリー」の例は、言い換えれば、「間合いが悪い」ともいえますね。

あのような途切れ途切れの一問一答に陥ってしまうのは、根本で「沈黙が怖い、だから沈黙を埋めるように、どんどん質問してしまう」という心理が働いている場合も多いでしょう。

ですから、まず沈黙を恐れないこと。沈黙をゼロにしようとがんばらないこと。本項の本題である「間合い」の話は、ここからです。

ここで少し、ご自身を振り返ってみてください。

ふだん、みなさんは、相手の話を100パーセント聞いていると思いますか。相手が話している最中に、意識の何割かが「次はどんなことを聞こうか」「自分は何を話そうか」といったことに向いているときはないでしょうか。

私の経験上、これには大半の人が当てはまります。そして、これこそが、実は「絶妙な間合い」を消してしまう一大要因になっている場合が多いのです。

裏を返せば、ちょうどいい間合いで話せるようになるには、相手の話を100パーセント聞くように努めればいい、ということですね。相手が話している間は、相手の話に集中しましょう。

とにかく全集中で、しっかり聞く。すると、相手の話がいったん途切れたときに、一瞬の沈黙が訪れますが、そこで焦る必要はありません。一拍置いてから話すようにすれば、それが、ちょうどいい間合いとなるからです。

間合いは、「距離感」と言い換えることもできます。離れすぎず、踏み込みすぎてもいない、ちょうどいい距離感で話せることは相手に安心感を与え、お互いに心地よく話し続けることができます。

それに、相手の話を最後まで集中して聞けば、当然、相手の話に対する理解度も上がります。理解度が上がれば、それだけ投げかける質問の精度も上がり、精度の高い質問をされた相手は、きっと喜んで、もっと話してくれるでしょう。

人は誰しも、多かれ少なかれ自分の話を聞いてもらいたいと思っているもの。ですから、話をちゃんと聞くというのは、誰かと話すときに自分にできる、最大の気くばりといってもいいくらいなのです。

そんなの当たり前だと思われたでしょうか。

ただ、多くの人が相手との間合いの取り方、距離感の取り方に悩んでいることを考えると、「しっかり話を聞く」という基本ができていない人は、意外と多いのかもしれません。

「人の話はちゃんと聞きましょう」というのは、どちらかというとモラルや倫理の観点から言われることが多いと思いますが、それだけではないと思います。

しっかり話を聞くことは、「受け入れられている」「ちゃんと聞いてもらっている」という安心感を相手に与えます。

それだけでなく、ちょうどいい間合いで自分も話し、無理なく会話を広げ、より気持ちよく相手が話せることにもつながっているのです。

気くばりという意味では、こうした点こそが重要だと思うのです。

相手が話している間は、相手の話に集中する

「褒め上手」を目指してみよう

あなたは褒めるのが苦手だったり、意外と難しいと感じていませんか。

日本人は、照れくさいのか、面と向かって人を褒めるのが苦手な人が多いのではないでしょうか。しかも、「褒められ下手」な人も多い気がします。

私はドイツに住んでいて、ヨーロッパ内をよく旅しているので、ヨーロッパの人たちの「褒め上手」っぷりに驚きます。

空港のカウンターでも

「あなたの指輪とってもゴージャスね。どこのブランドなの？」

ただ道を歩いているときに、呼び止められて

「あなたの着ているコート、すごくオシャレだわ。どこで買ったか教えてもらえるかしら？」

など、意外な場面でもストレートに褒めてくれます。

ドイツ人のお友達夫婦に招かれたホームパーティーなどでも、「そのワンピース、あなたにとっても似合っていて、ラブリーだわ！」「あなたは笑顔がとても素敵ね」など、とにかく褒めてナンボ!?　というくらいよく褒められます。褒められることに慣れてくると、褒められ上手にもなるので、あなたももし他人から褒められたら「いいえ、そんなことないです」などという謙遜も、否定も、絶対にＮＧ！　必ず「嬉しいです。ありがとう」としっかり受け止めて「褒められ上手」になりましょう。さらに、「そんなふうに言ってもらえて嬉しい！」と思いっきり喜ぶと、褒めた相手も嬉しいし、好感度もアップするので、褒められたら、ぜひ思いっきり喜んでくださいね。

話は戻りますが、特に初対面など、まだ相手のことをあまり知らない場合、褒めるポイントは、やはり視覚的なものに限られてきます。

そこが難しいところで、たとえば容姿を褒めたつもりだったのに、それが相手のコンプレックスだったりしたら、喜ばれるどころか傷つけることになってしまいます。

コンプレックスに思っていることが、他者のひと言で１８０度変わり、自信につながるということもあります。でも、それは付き合いの長い友人やパートナーなど、ごく近しい間柄に限り起こりうること、と思っておいたほうがいいでしょう。

実は、私にも長年のコンプレックスがあります。

それは上の前歯2本が大きいこと。幼いころに「ビーバー」と言われて、からかわれた記憶と結びついており、今でもあまり触れられたくありません。

そこがチャームポイントだと言ってくださる方もいて、今ではだいぶ軽減されていますが、もし初対面の方に「前歯が大きくて、笑ったときのチャームポイントですね！」なんて言われたら、たぶん素直には喜べないでしょう。

それなら、「前歯」と特定せずに、ただ単に「笑顔が素敵ですね」と褒められるほうがずっと嬉しいですし、素直に「ありがとうございます」と受け入れられます。

何がコンプレックスになっているのか、他人には、なかなかわからないものです。

相手をよく知らないのなら、なおのこと。容姿を褒めるのは簡単ですが、やはり初対面や、知り合って間もないころは、やめておいたほうがいいでしょう。

私の友人で、とても顔が小さくて、本当にうらやましい人がいるのですが、本人は「顔が小さいね」と言われることをとても嫌がっているのです。同じように、とても痩せている友人は、食べても食べても太らないことが悩みなので、「痩せていていいよね。羨ましいわ」と褒めているつもりでも、本人はそう言われることがとても悲しいのです。他人はよかれと思って褒めているつもりでも、本人にとって気にしていること、コンプレックスに感じていることは多々あります。

ですから、外見や体形を褒めることは控えるほうがよく、「かっこいいですね」、「美人ですね」などばくぜんと容姿や外見を褒めることもあまりおすすめしません。「そういう褒め方しか、この人はできないのかな」と、会って間もないうちから失望されてしまうのは、避けたいですよね。

初対面で容姿は褒めないほうが無難

「褒め上手」になる方法

では、どんなところを褒めたら間違いないでしょうか。

視覚情報のすべてを避けたほうがいいわけではありません。

見た目には、その人の内面やセンス、こだわりなどが表れています。

そこをうまくキャッチできれば、相手は自分の内面やセンス、こだわりを認められたように感じて、喜んでくれるでしょう。

前に「相手に興味をもつことが気くばりの第一歩」とお話ししました。

見た目から内面やセンス、こだわりなどが表れているところをキャッチするには、相手をよく観察する必要があります。つまり相手を褒めるという気くばりをするときにも、やはり相手に興味をもつことが第一歩ということです。

たとえば、洋服やアクセサリー、持ち物、髪形、メイクなど「装い」に関することをキャッチするのは、比較的、実践しやすいのではないでしょうか。

「そのネックレス、かっこいいですね」

「きれいな色のアイシャドウですね」

「素敵なワンピースですね」

などなど。

私自身、髪の毛を巻いていたときに、「巻き髪がすごく素敵」と言われて嬉しかったことがあるので、人の装いは、よくキャッチします。

もろに見た目を褒めていますが、容姿と決定的に違うのは、洋服やアクセサリー、持ち物、メイクなどはもって生まれたものではなく、自分で選んで身につけていたり、そうしているものであること。

もって生まれた容姿は、多くの場合、自分ではどうすることもできません。そこをキャッチするのは、たとえこちらは褒めたつもりでも、相手にとっては褒め言葉でなかった場合に、意図せず傷つけてしまう恐れがあります。

でも、洋服やアクセサリー、持ち物、メイクは、その人が選んでいるもの。

これらをキャッチするのは、つまり、相手のセンスやこだわりをキャッチしたということなので、褒め言葉を褒め言葉として、ストレートに受け取ってもらえる可能性が高いのです。

また、久しぶりに会う友人であれば、「どこか前と変わったところ」を探してみます。「髪の毛切ったの？　雰囲気が変わったね」とか、「あれ、そんな指輪、前からしてたっけ？　素敵〜」というふうに、見逃さないで、伝えてくださいね。

それと、「笑顔」を褒めるのもおすすめです。

表情は内面からあふれるもの。顔は顔でも「笑顔」ならば、容姿ではなく、そんな素敵な笑顔をあふれ出させている内面を褒めることになります。

相手の笑顔を見て、心からの笑顔と感じられたら、「笑顔が素敵ですね」というのは万能の褒め言葉。老若男女を問わず、喜んでもらえるのは間違いありません。

見た目以外だと、私は、よく「名前」を褒めます。

名刺を交換して相手の名前の表記がわかったら、たとえば「舞夕さんとおっしゃるんですね。わあ、夕に舞うだなんて、素敵なお名前ですね」という感じです。

前にもお話ししたように、名前は、その人の「自己の存在の証明」です。

そして、名前の表記には、たいていは親御さんなど、その名前を付けてくれた人の思いが込もっている。これは、文字そのものが独立した意味をもつ「表意文字」、つまり漢字文化ならではの魅力ですね。私の名前「僚子《ともこ》」は読めない方が多いのですが、「僚」という漢字の意味に「うるわしく人を惹きつけるさま」という意味があるということで、気に入っています。

そこをキャッチすることで、内面ごと受け入れられたかのような感覚を抱いてもらいやすいのです。

もうひとつ、私がよくキャッチするものを挙げるとしたら、「声」です。

たとえば、ハキハキしている人はハキハキした声になるし、上品な人は上品な声になる。そんな感じを受けるので、素直に「ハキハキしたお声ですね、こちらまで元気になれます」「上品な笑い声、素敵です」などと伝えます。知り合いの男性も、「とても落ち着いていて、よい声をされていますね。うっとりします」と声を褒められることがすごく嬉しいと言っていました。

実は、私、自分の声が鼻声なのであまり好きではなかったのですが、声を褒められることが最近、増えたのです。「モモさんの声がすごく好き」「モモさんの声っていいですよね。癒やされます」などと言われると、「あら？　そう？」とその気になってきて、最近では褒められてとても嬉しいところナンバーワンです。

声質はもって生まれたもののひとつですが、話し声や笑い声には、その人の内面が表れる気がするのです。

名前や笑顔、あるいは洋服やアクセサリーなどを褒める

Chapter 04

POINT

- 声は大きめ、1トーン高く
- 相手の呼び方でも距離を縮められる
- あいづちのバリエーションを増やしておく
- クローズドクエスチョンからオープンクエスチョンに切り替える
- 素朴な疑問を投げかけるだけで話は広がる
- 相手が話している間は、相手の話に集中する
- 初対面で容姿は褒めないほうが無難
- 名前や笑顔、あるいは洋服やアクセサリーなどを褒める

Chapter

05

「また会いたい」と思われる

一度つながったご縁を良縁につなげるためには
どうしたらいいでしょう。
この章では、「また会いたい！」と思われる
気くばりについてお伝えしていきます。

テキストメッセージに感情を乗せる

文字だけで伝えるテキストメッセージは、よくも悪くも、気くばりの有無が端的に表れるものです。

表情や声色といった付加情報がないぶん、ドライな文面は、どこまでもドライな印象になり、相手に冷淡さすら感じさせてしまうでしょう。「この人は、用件さえ伝わればいいと思っているんだな」という評価にもつながってしまいます。

だからこそ、テキストメッセージには、意識的に「感情」を乗せるという気くばりが欠かせません。

用件だけでなく、人としての温かみや親しみやすさも一緒に伝えることができたら、相手は確実に好印象を抱きます。

仕事の進捗報告、打ち合わせの日程調整、打ち合わせ前日のリマインドなど、ビジネスでテキストメッセージを送るタイミングは無数にあります。

今は、電話をかけるよりもテキストを送るほうが一般的になっています。それもメールではなくＬＩＮＥやFacebookメッセンジャー、Slack、Teams、Chatworkなどのメッセージツールやチャットツールを使う人も多いでしょう。

メッセージツールやチャットツールに比べると、メールは、どちらかというと「手紙」に近いと思います。

「いつも大変お世話になっております」「よろしくお願いいたします」「用件のみにて失礼いたします」「ご自愛くださいませ」といった定型文があり、たとえ用件のみであっても、丁寧な文面を送るように意識することが普通でした。

でもメッセージツールやチャットツールになると、メールには残存していた手紙らしい気くばりすらも失われ、本当に用件のみを伝えておしまい、というケースが大半でしょう。

手っ取り早く用件を伝えること自体は、効率化という点でいえば、悪いことではないと思います。そこに定型文など持ち込んだら、ポンポンとスピーディにやり取りできるツールのよさは半減してしまうでしょう。

それでも、本当に用件のみで終了するのではなく、ほんのひと言、ふた言、感情を乗せると、その後のコミュニケーションが円滑になり、すんなりと良好な関係を築きやすくなります。

それだって簡単なことでいいのです。実例を挙げておきましょう。これは、ある仕事関係の方との打ち合わせ後、私が実際にお送りしたメッセージです。

「楽しみにしております」「ワクワクします」——感情を乗せているのは、このひと言だけ。でも、このたったひと言があるのとないのとでは、相手に与える印象は格段に違うと思いませんか。

実際にどんな言葉を使うか、「！」や絵文字の類も使って感情表現するかどうかなどは、相手の立場や自分との関係性、自分のキャラクターによって違ってきます。

ただ、どんな形であれ、メッセージには必ず感情を乗せることを意識してみてください。

[redacted]さん
ありがとうございます！

[redacted]さんの質問力、言語化力に惚れ惚れしました。

自分では気づかないことをスルッと言語化してくださり、本当にワクワクしております！

[redacted]ん
今日もありがとうございました！
とても気づきが多くて、楽しい時間でした。

[redacted]さん、こんにちは。
西村僚子(MOMO)です。

このたびはノート術講座をご受講くださり、
ありがとうございます。

そして！！！
さっそくとても嬉しいご報告に感動してしまい、
メッセージをさせていただきました。

ノート術は書けば書くほど、どんどん叶っていきますので
引き続き、たくさんの夢を叶えてくださいね。

あ、「夢」ではなく「目標」=「予定」ですね。
夢は叶うか、叶わないかわからないけど、「予定」は必ずやってきますから。

そこに疑いはないはず。

そのマインドで、ワクワクしながら、たくさん予定を書いていってくださいね！

先ほど、文字だけで伝えるテキストメッセージは、よくも悪くも、気くばりの有無が極端に表れるもの、とお話ししました。

ドライなメッセージは、どこまでもドライに響く。

これは逆もまた然りで、温かいメッセージは、どこまでも温かく響く。

その分かれ目は何かといったら、何も言葉を尽くした感情表現ではなく、さり気なく添えられた「楽しみです」「ワクワクします」といった、ひと言、ふた言だったりするのです。

メッセージには必ず感情を乗せる

「親しい」と「馴れ馴れしい」は違う

距離感の心地よい相手とはずっと付き合いたいと思うものでしょう。

初対面からしばらくは、誰に対してもフラットに接する。それでも付き合いが少し深まってくると、お互いの接し方は多少なりとも変わっていくのが自然です。敬語が基本だったものが、軽めの丁寧語やタメ口に変化することもあるでしょう。

でも、ここで距離感を見誤ると、せっかく縁あって出逢った方と疎遠になり、関係性が終了してしまう可能性もあります。

企業の新入社員研修や管理職研修を担当していたころ、私は必ず「親しい」と「馴れ馴れしい」は違うと教えていました。

しかも、どのくらいが「親しい」で、どれくらいだと「馴れ馴れしい」になってしまうのかには普遍的な基準などないに等しく、環境や相手によって違う。これも距離感の難しいところなのです。

私は郵政民営化される前に、全国の郵便局長のCS向上研修を担当しており、大都市の局にも地方の局にも行きました。

たとえば沖縄の、とある町の郵便局。小さな町ですから、郵便局の人たちは、訪れるお客様たちとは顔見知りどころか、家族構成もすべて把握しており、もはやファミリーのようなお付き合いです。みんな当たり前のようにタメ口ですし、お年寄りには「おばあ」「おじい」と呼びかけていました。

お客様に対する郵便局員の態度としては、だいぶ砕けています。でも、沖縄の小さな町の郵便局という環境ならば、これが自然な姿。「馴れ馴れしい」のではなく「親しみを表現している」ということになるでしょう。

でも、大都市で1日5000人以上の来局者がある新宿の郵便局で、局員が同様の対応をしたら問題です。「親しい」どころか「馴れ馴れしい」態度をとる局員がいるとして、クレームの対象になってしまうでしょう。

郵便局員とお客様という関係性は同じでも、環境によって「親しい」と「馴れ馴れしい」の概念そのものが違うというケースもありうるわけです。

ただし、ビジネスとして考えた場合、沖縄の町の郵便局であっても、正しい敬語を知ったうえでカジュアルに接するのと、カジュアルな対応しか知らないのとでは、まったく意味が違います。もし、都会から沖縄のその町に引っ越してこられて、初めてその郵便局を利用するお客様がいらっしゃった場合、初対面でそんな馴れ馴れしい応対をすることは、ありえないわけです。また、局長研修ですので、職員を指導育成する立場として、局長自身が正しい敬語やマナーを身につけておくことは最低限必要なスキルです。

このように、距離感の測り方はケース・バイ・ケース。

実は、敬語というのは相手との距離感を表すためにも、重要な役割を果たします。沖縄の小さな町の郵便局で、「○○様、いらっしゃいませ」「かしこまりました。こちらを速達でお預かりいたします」という言葉遣いで対応すると、お客様は「なんだ、その慇懃無礼な対応は!?」とびっくりしてしまいます。なぜならば、敬語は相手との距離を離す役割も担っているからです。

カジュアルな対応をすると、親しみがわくというのは、その逆ですよね。

分類もルール化も難しいものです。だからこそ、相手との正しい距離感を考え、話し言葉を変えるためにも「興味をもって相手を観察する」という気くばりの基本が、ここでも重要になってきます。

どうしたら「親しい」とみなされて、好ましく思ってもらえるのか。

「馴れ馴れしい」とみなされ、疎遠になってしまう境界線はどこなのか。

ちょうどいい距離感の絶対値はないので、これらは、ひとえに相手を観察することでしか見えてこないのです。たとえば私は、最初から名字ではなく、名前で呼ばれることにまったく抵抗がありませんが、そうでない人もいるはずです。また地域性もあります。私は関西で育ち、友人も関西人が多く、初めて会った瞬間からグイグイ距離を縮めてくるタイプの人も受け入れられますが、東京で生まれ育った友人の一人は、とても違和感があると言います。「どうして初対面から、グイグイ踏み込んでくるの？」と……私にとって、何も違和感がなくても、人によって受け止め方は違います。

逆に、忘れられないエピソードとして東京出身の先輩から「君さ」と「君《きみ》」と呼ばれたときにとても距離を感じました。関西人だと「お前なぁ」とただの友人でも「お前」と言われますから。

そこの**距離の取り方を察知するのも、相手に対する気くばり**だといえますね。

ですから、親しくなりたいと思っても焦らずに、相手を観察しながらコミュニケーションをとる。相手の表情や言葉、ボディーランゲージに目を向けて、それぞれに心地いい距離感を探っていきましょう。

相手が心地よく感じる距離感にチューニングするために、ひとつ、テクニック的なこともお話ししておきます。

人には、「共通点のある人に無意識のうちに好意を抱く」という心理があります。話している内容に共通点が見つからなくても大丈夫です。

話し方や会話のテンポ、スピードを相手と合わせることで、ある意味、共通点を「演出」することができます。

このように会話の「呼吸」や話すスピードを相手と合わせることを「ペーシング」といいます。

よく「息が合う」「呼吸を合わせる」といいますよね。

会話においても、呼吸が合っていると、なんの抵抗もなく気持ちよく話せます。

そういうコミュニケーション空間を作ってあげることを意識していると、相手との距離感も、自然と心地よいものにチューニングされていくというわけです。

相手を観察して相手が心地よく感じる距離感を測る

たったひと言で好印象を残す「お礼」の効能

一度会った相手に「また会いたい」と思われるには、会った後のフォローアップも重要です。

ただし、まだ関係が浅いうちに、いきなり次のお誘いをしたり、自分を売り込んだりすると、相手に警戒心や不信感を抱かせてしまうかもしれません。

一番いいのは、素直に「お礼」を伝えることでしょう。

「昨日はありがとうございました。○○さんとお会いできて光栄でした。またどこかでお目にかかれる機会があれば嬉しいです」

たったこれだけの文面でも、送るのと送らないのとでは大違い。

一度会ったらそれきりという人も多いなか、きちんとお礼を伝えてくる人に、好印

[redacted]さま
こんばんは。

明日はお休みのところ、貴重なお時間をいただき、ありがとうございます。

どうぞよろしくお願い申し上げます。

先日、本田健さんのシークレットランチグルコンを開催した際、貴社の編集担当、[redacted]さまとご挨拶をさせていただきました！

明日、齋藤さまとお会いすることも決まっており、すごいご縁を感じました。

象を抱かない人はいないでしょう。

さらに関係性が深くなってからも、お礼の効能はまったく失われません。

お会いした後には、必ずひと言でもお礼を送る。

これを習慣にしてしまいましょう。

もちろん日常の人間関係でも同様です。日ごろ顔を合わせている間柄なら、何かをしてもらったら「お礼は3回」と心得ておくといいでしょう。

たとえば上司や取引先の人にごちそうになったとき。

その場でお礼を言うのは誰でもすることだと思いますが、社に戻ったときや別れ際に1回、さらに翌日（できれば、朝一番）に1回の**合計3回、お礼を伝えます**。他にも、約束の日の前日や次回お会いした際もお礼を伝えることができるタイミングです。

ここまで丁寧にお礼を伝える人は限られてくるので、やはり際立って好印象を抱いてもらいやすいのです。


こんな話をしていたら、ある方がご自身のエピソードを話してくれました。

その方が中学生くらいだったころ、最寄りの駅から家が遠かったので、よくお父様に車で迎えに来てもらっていたそうです。

ある日のこと。いつものように迎えの車に乗り込んだところで、お父様に「『ありがとう』は？」と言われました。

その方が「ありがとうって思ってるよ。それに、いつも降りるときに言ってるでしょ？」と答えると、お父様は、こう諭したそうなのです。

「『ありがとう』は何度言ってもいいんだよ。せっかく迎えに来たのに、君が無言で乗り込んでくるのは悲しいな。その気持ちは考えたことある？」と。

このお父様のお言葉には、私も大賛成。

気持ちを行動で示すことが大切なのです。「わざわざ言わなくても、感謝していることは伝わるだろう」ではなく、何かをしてもらったら、言葉にして伝える。さらに重ねて伝える。

すると、相手も「してあげてよかった」と思うでしょう。相手にそう思ってもらえる人ほど、「また会いたい」と思われるものですし、結果的に、ご縁にもチャンスにも恵まれていくのです。

お礼は3回と心得ておく

気くばり上手の手土産術

30代の頃から、レストランのシェフやソムリエの友人と食事に出かけることがわりと多かったので、学んだことがあります。彼らは予約したレストランに行く際、必ずスタッフのみんなにちょっとした手土産を買っていき、渡していました。また、カウンターのお店（お鮨屋さんや割烹、ワインバーなど）へ行くと、必ず「大将もよかったら、一杯飲みませんか」と声をかけます。

「いえ、仕事中は飲まないので。ありがとうございます」と断る方もいらっしゃいますが、「では、一杯ご馳走になります」という方もいらっしゃいます。ちょっとした気くばりから、印象に残る客になることができるのだなと思いました。

フランス語で「ソワニエ」とは上客という意味で、私はテーブルマナーセミナーの際に、必ずソワニエの条件についてお話ししています。頻繁に通い詰めるとか、いつも高額なお支払いをすることではなく、お店にとって大切にしたいと思われる客であることは、こういった「気くばり」からつながっていくことなのです。

ほかには、ある会社の管理職のAさんから聞いたお話ですが、Aさんは仕事が忙しく、とても接待の多い方でした。Aさんは接待の最後に、いつもお相手の方へ「今日は奥様を一人にしてしまったので、どうかよろしくお伝えください」と言って手土産を渡されるそうです。とてもスマートな気くばりだと思いませんか。帰ってから、お相手の方は奥様に「今日はAさんとの接待があって、君にもお土産をくださったよ」と渡すに違いありません。そして、そういう気くばりのできる方と一緒に仕事がしたい、と思われるはずです。

レストランや取引相手の奥様へ手土産を用意する

誰のこともジャッジしない

人は意外と、無意識のうちに相手をジャッジしているものです。

ひとくちに「ジャッジ」といっても、いろいろです。

相手の学歴や職歴、現在のポストによって品定めすること、人から間接的に聞いた話を信じ込むこと、また、自分が直に話した場合でも、「この人はこういう人」などと安易に決めつけること、すべてジャッジしていることになるといっていいでしょう。

人はみな、モザイクのように多面的な存在です。

その人の学歴や職歴、現在のポスト、その人に関する伝聞情報（これには事実でないものが含まれている可能性もありますが）、自分が直に話して知ったことは、たしかに、その人の一面かもしれませんが、その人のすべてではありません。

にもかかわらず、自分が知り得た一面だけを見て相手をジャッジするのは、とても敬意に欠ける行為ではないでしょうか。

立場を逆転させて、自分が人から、そのようにされたと想像してみたら、まったく歓迎できることではありませんよね。

相手をジャッジしていることは、態度や言動から、容易に相手に伝わるものです。自分をそんな目で見ている人とは、「また会いたい」なんて思えないものですから、そこでハッピーな関係へと発展する糸が途切れてしまうのです。

ある方からこんなエピソードを聞いたことがあります。

あるとき、友人からパートナーの不満を聞かされたのだそうです。

友人思いのその方は「なんてひどい人なの？　ありえない！」と怒ったところ、友人から、「悪い人じゃないの。そんなふうに言わないで」と友人が悲しんでしまったんだとか。

このように悪気がなく、相手のことを思って寄り添ったつもりでも、無意識にジャッジしてしまっていることはよくあります。

このエピソードのようなケースでは、「そんなことがあったんだ。それは悲しかったね」とジャッジせずに相手の気持ちに共感するだけで十分なのです。

どれほど洞察力に優れた人でも、他者を100パーセント理解することなどできません。そして100パーセント理解できないのなら、ジャッジすることもできないはずです。

そう考えると、人間関係とは、絶えず「こういう人なのかな……？」という保留次項を積み重ねながら、築いていくものなのでしょう。

相手と会うたびに、知り合うほどに、新たな一面が見えるかもしれない。そのプロセスを楽しめるようになったら最高です。

その最中で、「いいな」「素敵だな」と思ったことは、積極的に伝えましょう。

これは上から目線でジャッジすることではなく、フラットな目線で共感を示すということ。共感を示されて嫌がる人はいませんから、そこからハッピーな関係性の扉が開かれるというわけです。

ジャッジはせずにフラットな目線で、共感を示す

相手の「顔」「名前」＋「話したこと」まで覚えておく

出逢った相手の顔と名前を覚えるのは当然のこと。これらに加えて話した内容まで覚えていたら言うことなしです。

「○○さん、先日はお目にかかれて光栄でした。特に○○のお話が興味深かったです。またお会いできて嬉しいです」

再会したときに、こんなふうに言われたらびっくりしませんか。「話したことまで覚えていてくれたんだ」と感心するでしょう。そして、また話は弾んで、ほんの数回、会っただけでもすでに打ち解けている。これも気くばりの力なのです。

私が6年間勤務していたホテルオークラ東京のホスピタリティの高さはとても有名ですが、昔は伝説の名物バーテンダーや名物ドアマンがいたと語り継がれています。

たとえばバーテンダーでいうと、一度来られたお客様がオーダーされるカクテルをすべて頼んだ順番まで記憶していたり、タバコの銘柄まで覚えていて、タバコがなくなったら、サッとそのタバコを差し出して、お客様を驚かせたり、ということがたびたびあったそう。ドアマンでいうと、常連のお客様の車のナンバーを覚えておいて、お客様が降りた瞬間に「○○様、いらっしゃいませ」とお声がけしていたといいます。

かつて私は、出張を伴う研修先で、よくマネジメント層の人たちと酒席をご一緒したものですが、翌日は必ず誰よりも早く研修会場に到着して周囲を驚かせていました。でも、彼らをもっとも驚かせたポイントは、そこではなかったと思います。初めて会った研修先の人たちの顔と名前がすべて頭に入っていて、「○○局長、昨晩はありがとうございました。○○というお話、とてもおもしろかったです。今日もよろしくお願いいたします」などと伝えていました。

すると、明らかに周囲の見る目が変わるのを感じたのです。

そうはいっても、人の顔や名前を覚えるのがあまり得意でない人もいるでしょう。

実は私も、それほど得意ではありませんでした。

研修講師として関わる場合は何かのスイッチが入るのか、先方が何人いても顔と名前をわりと早く覚えられます。でも、たとえばパーティなどの場では、油断すると誰が誰だかわからなくなってしまうことも……。

ですから、私なりに覚える工夫をしていました。

相手の顔の特徴と名前を自分のなかで関連付けたり、名刺をいただいた場合は、記憶があるうちに、相手の容姿の特徴やお話しした内容をノートにメモしておいたり。

そうしているうちに、だんだん、何もしなくても覚えられるようになりました。

自転車の補助輪が必要なくなるように、最初は補助的に必要だった「覚える工夫」が、場数を踏むうちに必要なくなったような感じです。

今は記憶力に自信がなくても、場数と工夫を重ねれば、ある程度は強化されるはずです。「どうせ覚えられない」「そのせいで印象が悪くなっても仕方ない」と諦めずに、今、紹介したような工夫をしてみてください。

もし、どうしても名前が思い出せなかったり、あるいは前に会ったことがあるかどうかの記憶が定かでない場合、こんなふうに聞いてみてください。

「私、一度、どこかでお目にかかったような気がするのですが……もし、はじめましてでしたら、ごめんなさい」

そんなふうに聞かれると、怒ったりする方はいらっしゃいません。

「多分、はじめましてだと思います」とおっしゃるか、相手も「たしかに……どちらかでお会いしたような気もしますね。私もあやふやでごめんなさい」と言い合うこともたまにあります。でも、そこから改めてお互いの自己紹介をするなど、自然な流れで会話が進みます。

「会ったことがあるかどうか思い出せない」「会ったことがあるのに、お名前が思い出せない」ということを恐れず、自信がない場合は聞いてみましょう。

笑顔を武器に、人に会う場数、そして記憶の補助となる工夫を重ねて、自分をトレーニングしていきましょう。

顔・名前・話したことは工夫するなど努力して覚える

「VAK」を意識すると、話が伝わりやすくなる

心理学には「優位感覚」という考え方があります。

これはインプットとアウトプットのときに、どの感覚を優位に使うか、ということ。V＝visual（視覚）、A＝auditory（聴覚）、K＝kinesthetic（体感覚＝触覚・嗅覚・味覚）の3つに分けられていることから、VAKタイプと呼ばれています。

今から、みなさんに簡単な指示を送りますので、試しにやってみてください。

①今、身のまわりに「赤いもの」はありますか？
②耳を澄ますと、どんな音が聞こえてきますか？
③今、手に持っている本書の感触はどんな感じでしょうか？

もうおわかりかと思いますが、①では視覚を、②では聴覚を、③では体感覚を使います。

これは私たちが無意識で、日常的に行っていることです。そのときどきに、自動的にテレビのチャンネルを切り替えるように、感覚を切り替えながら、情報処理しているわけです。

そして、そのなかでも優位に働きやすい感覚は人によって違います。

この点を理解しておくと、日ごろのコミュニケーションにも役立つのです。

たとえば、自分のＶＡＫタイプを知ったうえで、話すときは、比較的優位に働きづらい感覚を意識する。

すると、よりバランスのとれたアウトプットができるようになり、話が伝わりやすくなります。これは、特に３つのＶＡＫタイプが入り混じっている大勢に向かって話す際に、効果的です。

また、一対一で話すときは、相手の仕草などからＶＡＫタイプを見極め、その感覚に、より強くアプローチできるようアウトプットを調整する。そうすることで、相手に「この人の話は理解しやすいな」と思ってもらえるでしょう。

相手がV優位の人なら視覚的情報を、A優位の人なら聴覚的情報を、K優位の人なら体感覚的情報を、比較的多めに伝えるということです。

VAKタイプの観点があると、このようにアウトプットの質が上がり、コミュニケーション上手になれるのです。

となると、自分のVAKタイプは何か、どうしたら相手のVAKタイプを見分けられるのか、気になりますよね。

次に簡単なチェックリストを用意しました。

それぞれ、どれくらい思い当たるか、ぜひご自身を振り返ってみてください。

誰もが3タイプすべてを併せ持っていますが、より思い当たるところが強いものが、あなたの優位感覚です。

【VAKチェックリスト】

●V（視覚）タイプ

□視線・目の動き——上のほうを見ることが多い

□言葉——「見える」「見通しがいい」「明るい」「暗い」「はっきりしている」といった単語をよく使う

□ボディーランゲージ——頭の中にあるイメージを表現するために手を使ったボディーランゲージを使うことが多い

●A（聴覚）タイプ

□視線・目の動き——左右を見ることが多い

□言葉——「聞こえる」「考える」「思う」「リズムが合う」「耳触りがいい」といった単語をよく使う

□ボディーランゲージ——あまりないが、何かを考えているときには手が鼻や口元に

行く傾向がある

●K（体感覚）タイプ
□視線・目の動き――少し下のほうを見ることが多い
□言葉――「感じる」「触れる」「～な感じ」「おいしい話」「気になる」といった単語をよく使う
□ボディーランゲージ――ボディーランゲージを用いて、自分の体で感じていることを表現することが多い

このチェックリストは、相手のＶＡＫタイプを推測するときにも役立ちます。何となく頭に入れておくといいでしょう。

大勢の前で話すときは、ＶＡＫのすべてを網羅する話し方を意識する

Chapter 05

POINT

- メッセージには必ず感情を乗せる
- 相手を観察して相手が心地よく感じる距離感を測る
- お礼は3回と心得ておく
- レストランや取引相手の奥様へ手土産を用意する
- ジャッジはせずにフラットな目線で、共感を示す
- 顔・名前・話したことは工夫するなど努力して覚える
- 大勢の前で話すときは、VAKのすべてを網羅する話し方を意識する

Chapter

06

いいご縁が永遠に続く

Chapter 06

大切な人たちとの人間関係を強く濃くし、
特別なものにするためにはどうすればいいでしょう。
この章では、大切な人たちに、
思いっきり気くばりを注ぐためのコツや事例をお伝えしていきます。

相手を否定しない「イエス・アンド」のルール

一度つながったご縁が、良縁となって永続するかどうかは、日ごろのコミュニケーションにかかっています。

基本は、相手を否定しないこと。相手とは異なる自分の意見を伝えるときや、相手の難点を指摘するときですら、この基本は守りたいところです。いったいどうしたらいいでしょう。

私のおすすめは、「イエス・アンド」論法です。

これは、**相手をいったん受け入れて（イエス）から、否定しないまま（アンド）自分の意見を言ったり、相手の難点を指摘したりするということ。**たとえば、次のような感じです。

「あなたのアイデア、すごくいいね。こうしたら、もっとよくなると思うよ」

「あなたの意見はよくわかった。そうしたら、私はこう思うんだけど、この見方も取り入れてみると、どうかな？」

ちょっと不自然に感じられるかもしれませんが、おそらくそれは、ふだん、次のような言い方をすることが多いからではないでしょうか。

「あなたのアイデア、すごくいいね。でも、こうしたら、もっとよくなると思うよ」

「あなたの意見はよくわかった。でも、私はこう思うんだけど、この見方も取り入れてみると、どうかな？」

ご覧のとおり、間に「でも」が入っていますね。

これを「イエス・バット」論法といいます。相手をいったん受け入れておきながら、結局は、「でも」と否定したうえで自分の指摘や主張をしているので、相手に「拒否された」とネガティブな印象を与えかねません。

それどころか、世の中には、否定から入って否定で終わる話し方をする人も多いようです。

「あなたのこのアイデアはいいとは思えないね。これじゃあ企画も通らないよ」

「あなたの意見は理解できない。他のメンバーもきっと理解できないね」

これを仮に「バット・バット」としましょうか。こんなにダメ出しばかりでは、よいご縁も早々に遠ざかってしまうのは、容易に想像がつくでしょう。

ここでは極端な例を挙げたので、「自分はこんなひどい言い方、しない」と思ったかもしれません。

でも、何事においても「自分は大丈夫」と思っていることが、意外と大丈夫でないことも多いものです。これを機に、普段のご自身の話し方を振り返ってみるのもいいかもしれませんね。

「否定」は相手によい印象を与えない

マナーとは「思いやりを体現すること」

お食事のマナー、立ち居振る舞いのマナー、ビジネスマナー。

いわゆる「マナー」は無数にありますが、一番大事なのは「マナーを守ること」ではなく、「マナーとは何のためか」という精神の部分だと思います。

では、いったいマナーとは何のためなのでしょうか。

それは「思いやりを体現するため」と私は考えています。

相手の目には見えない気持ちの部分、「あなたのことを大切に思っていますよ」という思いやりを目に見える行動で示すために、長年をかけて確立されてきたもの、それがマナーなのです。

それは「こういうときはこうする」という決まり事ですが、イレギュラーな状況もあります。そこでマナーの精神の部分を置き去りにして、「守ること」だけを重視していては、結果、気くばりに欠けることになってしまう場合もあるでしょう。

たとえば複数人数でタクシーに乗るときは、後部座席の一番奥（運転手の後ろ）が上座とされています。

つまり、目上の方と一緒にタクシーに乗る場合、先に奥に座っていただくのがビジネスマナーなのですが、その方が着物を着ていたら、どうでしょうか。

私も着物をよく着るのでわかるのですが、タクシーに乗り込み、さらに奥までずれるのは、けっこう大変です。きちんと着付けをしていても裾がズレてしまいそうですし、帯が崩れる心配もあります。

一番ドアに近い席ならば、まず座席にちょこんと腰掛け、両足を揃えて持ち上げて乗り込むだけで済みます。着物を着ているときは、正直、そうさせてもらったほうがありがたいのです。

上座といえば、レストランでは一番入り口から遠い奥手が上座とされていますが、これもやはりケースバイケースで考えたほうがいいでしょう。

たとえば、窓から素晴らしい景色が見えるのに、上座だと窓を背にして座ることになる。そういう場合は、むしろ自分が上座に座り、相手には下座に座っていただいて景色を楽しんでいただくのが気くばりではないでしょうか。

このように、場合によってはマナーとしての決まりを徹底するよりも、相手がどうしてほしいのかを察知して行動する、まさに「気くばり」戦略が大切なのです。

マナーを知らなくていい、守らなくていいと言っているのではありません。

臨機応変にマナーから外れたことをするには、マナーを知っている必要があります。「守破離」という言葉もあるとおり、まず基本を体得したうえで外れること、その場その場でマナーを守るかどうかを選択できることが、マナーの精神を守るためには重要なのです。

ただ、何も言わずにマナー外のことをしたら、相手に「この人はマナーを知らないんだな」と思われてしまうでしょう。マナーは知っているけれども、気くばりとして「あえて、そうしている」ということを伝えるのも重要です。

先ほどの例でいえば、「〇〇さん、今日はお着物をお召しなので、失礼して、私が奥に座らせていただきますね」「窓からの景色が素晴らしいので、ぜひこちらに座ってくださいい。私が奥の窓側に座らせていただきますね」など、ひと言、言い添える。

すると相手は、「自分のために、あえてマナーどおりではなく、気くばりしてくれたんだ」と理解してくれるでしょう。この行動こそが『思いやりを体現すること』なのです。

まず、基本的なマナーは身につけておく。

そのうえで**マナー外のことをするときは、「思いやりの体現」というマナー本来の精神を守るためであることを、言葉にして伝える。**

この2つは車の両輪のようなもの。どちらが欠けても、本当の気くばりは成立しなくなってしまうので、合わせて覚えておいてくださいね。

マナーの型にとらわれないことが「気くばり」になることもある

まず、自分から差し出そう

何かをしてもらったらお返しをする。もともと日本人は、その意識が強いのではないでしょうか。

素晴らしいことだと思いますが、気くばりという意味では、まず自分から差し出せるようになると、もっといろいろなことが好転しやすくなるでしょう。

これは会社勤めをしていたころの先輩が日ごろ実践していて、すごく勉強になったことです。

取引先などを訪問する際、その方は、必ず何かを持参していました。あるときは手土産、あるときは相手のメリットになりそうな情報など、有形無形のものを常に自分から差し出していたのです。

すると、相手には「お返ししなければ」という心理（これを「返報性の心理」といいます）が働くのか、その先輩の元にも、よく有形無形のギフトが舞い込んでいました。ご縁やチャンスに恵まれ、いつも好業績でした。

まず自分から差し出すという気くばりは、相手の気くばりを引き出し、双方、よりハッピーになれる。

先輩の姿から、そう学ばせていただいて以来、私も自分から差し出すということをいっそう意識するようになりました。

ただしモノを送る場合は、相手との距離感やお付き合いの程度を考慮して選びましょう。かえって相手が恐縮してしまうような過度な贈り物をするのは、気くばりではありません。

また、プレゼントを差し上げるときの「つまらないものですが……」という常套句、私は言わないようにしています。

そんな謙遜をするよりも、「私が今、とても気に入っている手土産ナンバー1の〇〇です。喜んでいただけたら嬉しいです」など、ワクワクするような伝え方をしたほうが、自分は気持ちよく差し出せるし、相手も気持ちよく受け取れると思うのです。

もちろん、「何かをしてもらったら、お返しする」という返報性の心理も、尊いものです。

たとえば、ごちそうになったら、次は自分がごちそうする。

仕事などで力になってもらったら、後日、何かお礼をする。それは一杯のコーヒーでもいいんです。「先日手伝っていただいたお礼です」と一言添えられたら、なおよしです。

きっと多くの人に思い当たることでしょう。それはそれで価値ある心理にもとづく習慣ですから、これからも大切にしてほしいなと思います。

あるいは、「ありがとう」の気持ちは、形にしなくても伝わる、なんて思っている人も多いかもしれません。

だとしたら、とてももったいないことです。形にしなくても伝わる人もいるのでしょうが、形にすれば、誰にでも確実に伝わります。せっかくの気持ちなのですから、確実に伝わったほうがいいですよね。

前に、マナーで一番大事なのは、「思いやりを体現する」という精神だとお話ししました。これは、そのまま「感謝」にも当てはまります。

思っているだけでは伝わらない。大事なのは、差し出すこと自体ではなく、気持ちを伝えること。そこに照れも遠慮も不要です。**何かをしてもらったら「ありがとう」の素直な気持ちに従って、言葉にして伝えていきましょう。**

こちらから差し出すのは、無理して実践することでも、相手の返報性を狙って実践することでもありません。

ただ自然と湧き上がるギブの精神に従い、自ら差し出す人は、やはり応援されやすく、ご縁やチャンスにも恵まれやすい。これは受け取るだけの人、人に求めるだけの人には決して起こらないことなのです。

ご縁やチャンスに恵まれるのはテイカーではなくギバー

悪口は自分の値打ちを下げる行為

悪口を言うのは、人間関係上、もっともやってはいけないことです。

これほど「自分の価値」を下げる行為はないといっても過言ではありません。

まず、悪口を言う人は、人から信頼されません。悪口が好きな同類は別として、心ある人なら、悪口を聞くのは気持ちのいいものではないからです。

それに、悪口を言う人はいろいろな人について言うものですから、「どこかで自分のことも悪く言われているかもしれない」という不信感を相手に与えることにもなってしまいます。

それだけではありません。悪口を言うことで、実は自分も心理的にダメージを受けるのです。

自分がすることは、人も同じようにしていると思うのが人間だからです。

つまり、自分が悪口を言うほどに、「どこかで誰かが、同じように自分の悪口を言っているのではないか」という疑心暗鬼に陥ってしまうのです。

このように、悪口にはひとつもいいことがありません。

悪口ではなく批判ならば、本人に伝えるべきでしょう。どうしても腹に据えかねることがあるのなら、ふたりの時間をつくってきちんと自分の意見、指摘として伝えること。本人のいないところで悪評を広げるのは、不当でしかありません。

悪口は気くばりの対極にあるものですから、誰かが撒き散らしている悪口には巻き込まれないよう、くれぐれも気をつけてください。

そうはいっても、完璧な人間なんていないので、ときには他者に関してネガティブなことを吐き出したくなることもあるでしょう。私にもあります。

そんなとき、「言っても大丈夫な人」を選んで吐き出すぶんには、許容範囲としていいと思います。

私の場合、それは夫なのですが、親兄弟・姉妹でもいいでしょうし、本当に信頼できる親友でもいい。とにかく自分のことをよくわかってくれていて、少しくらいネガティブ発言をしても関係性が壊れないという安心感があり、必ず約束の守れる相手を選んでくださいね。ここで、人選ミスをすると、大変です。

「ごめん、今日はちょっとだけ、ある人について愚痴を言いたい。でも、共感しなくてもいいし、うんうんとただ聞くだけでいいから。そして、聞いてもすぐ忘れてね」

こんなふうに、ひと言、断りを入れて、「いいよ」と言ってもらえたら、そのときだけ「ブラックな自分」になることを自分に許します。ただし、何度も言いますが、悪口ではなく批判ならば、本人に伝えるべきです。本人のいないところで何を言っても、何も解決しませんから。

私たちは心を感じる人間なので、神様でもないですし、傷ついたり、悔しい思いをしたり、日々いろんな出来ごとが起こります。

ある程度、吐き出してスッキリしたら、もう大丈夫。気くばりのできる、いつもどおりの自分に戻れるでしょう。

悪口は言わない

返信やお礼は「早く、丁寧に」が最強

メッセージへの返信や、こちらから送るお礼のメッセージは、「なるべく早く、かつ丁寧に」を心がけましょう。

慣れるまでは少し大変かもしれませんが、効果絶大。なぜなら、早く送ろうと思うと雑になり、丁寧に送ろうと思うと遅くなるという人が多いからです。

そんななか、すぐに、しかも丁寧なメッセージを届けたら、相手に強い印象を残すことになります。自ずと信頼関係のはじまりにもなるでしょう。

それだけではありません。

返信やお礼を早く、かつ丁寧に送るクセをつけると、実は自分の内面的にもいい影響があります。返信やお礼だけでなく、その他のことについても行動が早くなるのです。

よく「チャンスの神様には前髪しか生えていない」って言いますよね。「ピンと来たらパッと動く」の意味で「ピッパの法則」なんて言うこともあります。

どちらとも、チャンスだと思ったら、すぐに行動しないと逃してしまうということ。

そういう行動力は、急に発揮できるものではありません。「ここぞ」というときに行動できるかどうかは、日ごろ、「すぐに行動」を習慣としているかどうかにかかっているのです。

普段、返信やお礼のメッセージを早く送るようにすることも、そんな習慣のひとつになりうるというわけです。そして相手のあることですから、メッセージは丁寧であるに越したことはありません。

ですから、返信やお礼のメッセージは、「なるべく早く、かつ丁寧に」。この気くばりを日々、実践することで、相手の信頼感と自分の行動力の両方を手に入れてしまいましょう。

早く、丁寧な返信を実践すれば、相手の信頼と自分の行動力が手に入る

気くばり上手は、「甘え上手」

気くばりは誰に対してもオープンであることから始まります。

上下や損得を問わず、人に興味をもって観察する。自分から相手に愛の架け橋、「ラポール」をかける。誰に対しても、まず笑顔で接する。すべて、自分の心が開かれていてこそ可能なことといっていいでしょう。

そして、常にオープンな心で気くばりをしていると、どんなことが起こるか。

実は「甘え上手」になれるのです。そこが「気づかい」と「気くばり」の一番の違いといってもいいかもしれません。

何かと気を遣いがちな人は、人の厚意を「申し訳ない」と感じる傾向が強いのではないでしょうか。妙な遠慮が働いてしまって、差し出されたものを素直に受け取れないんですね。いつも何も悪くないのに、「ごめんなさい」と謝っている人、周りにいませんか。「ごめんなさい」が口癖のようになっている人。他人や周囲に気を遣ってばかりで、本当に気疲れして、疲弊していないかと心配になることがあります。もしそんな方がいたら、「ごめんなさい」を「ありがとう」に、言葉を変えてほしいです。それだけで、引き寄せるコトも、人との出逢いも劇的に変わってきます。

思い返してみると、私が人にもチャンスにも恵まれてきたのも、ひとえに、まず自分から心を開いて、「気づかい」ではなく「気くばり」をしてきたおかげだなと、改めて感じます。

元を辿れば、カード会社に新卒で入社したころからそうだった気がします。

入社間もない新人は先輩と行動を共にするのですが、私の教育係となった先輩は、よく「あなたといるとヒヤヒヤする」と言っていました。

というのも、取引先の偉い人だろうと誰だろうとかまわず、いつも私が「〇〇部長！」なんて人懐っこく話しかけたりしていたから。

教育係としては、「こんなに最初から親しげで大丈夫だろうか。いつか馴れ馴れしく無礼をはたらいて怒られるのではないか」と心配だったのでしょう。

でも、結局、そんな事態になることは一度もありませんでした。

怒られるどころか、みなさんにかわいがられ、多くを学ばせていただいた記憶しかありません。「今度はお昼どきにおいで。ランチをごちそうするよ」など、嬉しいお誘いをいただくこともしょっちゅうでした。

そんな厚意を、すべて、ありがたく受け取っていた私ですが、それも先輩からすると驚くべきことだったようです。何度、「あなたがお誘いに乗るから一緒に行くけど、私ひとりだったら、たぶん遠慮して断っていたな」と言われたかわかりません。

厚意は、相手が心から「そうしたい」と思って差し出してくださるもの。受け取らないほうが相手をがっかりさせると思うのですが、そこで**「気づかい」が働くと、遠慮につながってしまう**のでしょう。それは、とてももったいないです。

その点、気くばりでは正反対のことが起こります。

大前提として心が開かれているおかげで、自分から差し出すことができるし、そのぶん、差し出されたものを素直に受け入れることもできるのです。

もちろん、厚意を素直に受け取ったら、感謝と喜びも素直に表現します。

それが相手を喜ばせ、さらに厚意に恵まれ、素直に受け取り……。この好循環のなかでは、人間関係の悩みなども生じません。

気くばりは、やはり、めぐりめぐるもの。

本書の冒頭でもお伝えしたように、相手のためだけではなく、最終的には、自分のためにもなるのです。

人の厚意を受け取れる「甘え上手」でいることも気くばり

Chapter 06

POINT

- 「否定」は相手によい印象を与えない
- マナーの型にとらわれないことが「気くばり」になることもある
- ご縁やチャンスに恵まれるのはテイカーではなくギバー
- 悪口は言わない
- 早く、丁寧な返信を実践すれば、相手の信頼と自分の行動力が手に入る
- 人の厚意を受け取れる「甘え上手」でいることも気くばり

おわりに

数ある本の中から本書を手に取って、最後まで読んでくださり、ありがとうございました。

本書を書きながら、改めて、私は人との出逢いにどれほど恵まれているのだろうか……と、感謝の気持ちがあふれてきました。


「モモさんは、どうやってあの人と出逢えたの？」

「なんで、あんなスゴイ人と仲がいいんですか？」

「なんでいつもラッキーなんですか？」

たくさんの方から質問されます。

そのコツは、愛と感謝というエネルギーを循環させることだと考えています。
これぞ、まさに「気くばり」のひとつなのです。

気くばりという言葉は、日本の「気」の概念からきています。
つまり、気を配る……愛と感謝のエネルギーを循環させるということなのです。
私のイメージとしては、「気」を「配る」人＝愛と感謝のメッセンジャー（配達人）と言い換えられるかもしれません！

好きな人に気を配る＝愛と感謝のエネルギーを循環させることで、その人たちから感謝され、ブーメランのようにまったく違った形で、思わぬ方向からいいことが還《かえ》ってくるのです。

なぜなら、目に見えないところで宇宙のエネルギーはつながっているので、気くばりすることで、人生はうまくいくようになるのです。

もしあなたが人間関係や仕事で行き詰まりを感じているなら、気を循環させるということを具体的にイメージしてみてください。

前から受講したかった講座に思い切って申し込む
自分のために、ビックリするくらいのお金を使ってみる
いつもはやらないけど、同窓会やパーティーなどの幹事をやってみる
ボランティア活動に参加してみる

そんなふうにあなたという資源に気を乗せて配ること「気配り」で、エネルギーは確実に変わっていきます。

気くばりは誰に対しても同じようにする必要はないと伝えました。
決して、マナーを守るのが目的でなく、マニュアルどおりに徹底することも必要ありません。

誰からも好かれないといけない
嫌われないようにしよう

そういった思いはまったく必要なく、私が伝えている「気くばり」ではないのです。

上下関係や損得勘定を問わず、人に興味をもって観察する。自分から相手に愛の架け橋「ラポール」をかける。誰に対しても、まず笑顔で接する。すべて、自分の心が開かれていてこそ可能なことといっていいでしょう。

そして、常にオープンな心で気くばりをしていると、どんなことが起こるでしょうか。

実は「甘え上手、受け取り上手」になれるのです。そこが「気づかい」と「気くばり」の一番の違いといってもいいかもしれません。

何かと気を遣いがちな人は、人の厚意を「申し訳ない」と感じる傾向が強いのではないでしょうか。妙な遠慮が働いてしまって、差し出されたものを素直に受け取れないのです。そのために、本書では「自己肯定感を上げることで、甘え上手、受け取り上手になる」こともたくさんお伝えしています。

気くばりすることは、一切、疲れない。なぜなら、自分もハッピー、相手もハッピー、お互いハッピーになれる方法だからなんだということが、理解していただけたでしょうか。

本書を刊行するにあたり、まずは私の可能性の光を見いだし、導いてくださったSBクリエイティブの齋藤舞夕さんには、感謝してもしきれません。心からお礼を申し上げます。齋藤さんがいなければ、本書をこの世に送り出すことができませんでした。

また私を信じて、指導してくださり、出版のチャンスを与えてくださった出版塾TACの長倉顕太さん、原田翔太さんにも深く感謝いたします。

執筆にあたっては、メンターとしていつも厳しくも優しく、愛を持って的確なアドバイスをしてくださるベストセラー作家の本田健さん、本当にありがとうございます。いつも感謝しています。

最後に、私の最愛の母と夫に、感謝を伝えたいです。

シングルマザーで私と弟を愛情いっぱいに育ててくれた母は、躾《しつけ》にとても厳しい人でした。私がいつも講座で伝えている『人間力を上げる10箇条』はすべて小さい頃からの母の教えがベースです。なんということはない簡単なことだけれど、ほとんどの人ができていないこと。それを、母が徹底的に叩き込んでくれたので、習慣になり、自然と身についたからこそ、今の私がいます。さらに、母はいつも私を褒めて育ててくれたので、私の自己肯定感は空よりも高く、自分を信じる自信につながり、自分大好きな私でいられることにも、心から感謝しています。

そして、自由に飛び回る私を好きなように羽ばたかせてくれて、誰より一番の理解者であり、応援者であり、人生を切磋琢磨しながら生きてきた、同志のような存在の夫・西村栄基《しげき》にも心からありがとう。

決して順風満帆とはいえない、どちらかというと波瀾万丈な人生だったと思います。25歳で結婚して、29歳で離婚、単身で東京へ上京し、時給900円からの人生再出発。紆余曲折しながら、40歳で再婚してドイツへ……

私が今、このような本を出版することができたのは、今まで出逢えたすべての人のおかげです。誰一人欠けても、今の私はいません。

人生、誰と出逢うか、何と出逢うかで決まる

私の座右の銘です。

これまで出逢えたすべての人にありったけの愛と感謝を込めて……

本書に書いたことを実践していただくことで、「気くばりは楽しい」と思っていただけてなぜかあなたの人生がうまくいき始めたら……それ以上に嬉しいことはありません。

旅先のギリシャ・テッサロニキにて。

西村　僚子

［著者略歴］

西村僚子（にしむら・ともこ）

株式会社 MOMO Style 代表取締役
ドイツビジネス名誉大使
一般社団法人マナー&プロトコル・日本伝統文化普及協会副会長

ドイツ在住 12 年目、研修講師として 19 年間、延べ 2 万人以上を指導した経験とホテルオークラで培ったおもてなしの原点をベースに、世界 43 カ国を訪問して身につけたグローバル・コミュニケーションと人生の質を上げる『新感覚マナー』を伝えている。

現在は、人生を変える引き寄せコミュニケーション講座や、女性の自己肯定感を上げて、誰からも愛される『エレガント・グローバル・アカデミー』を主宰。

脳科学×心理学をベースとした考え方で、自己肯定感が上がり、自信を持って人と付き合えるようになったと受講生に大好評。また、パートナーシップも劇的に良くなると定評があり、卒業後に結婚した受講生も数多い。

趣味は旅行とシャンパーニュ。
40 代からますます人生を豊かに楽しむライフスタイルを提案する『365 日エレガンス習慣』という YouTube チャンネルも好評。

リンクツリー

「気《き》くばり」こそ最強《さいきょう》の生存《せいぞん》戦略《せんりゃく》である

2024年11月 2 日　初版第1刷発行
2024年11月20日　初版第2刷発行

著者　西村《にしむら》僚子《ともこ》
発行者　出井貴完
発行所　SBクリエイティブ株式会社
〒105-0001　東京都港区虎ノ門2-2-1
装幀・本文デザイン　加藤京子
イラスト　ぷーたく
編集協力　福島結実子（アイ・ティ・コム）
編集　齋藤舞夕（SBクリエイティブ）
印刷・製本　三松堂株式会社

本書をお読みになったご意見・ご感想を
下記URL、または左記QRコードよりお寄せください。
https://isbn2.sbcr.jp/26471/

落丁本、乱丁本は小社営業部にてお取り替えいたします。定価はカバーに記載されております。本書の内容に関するご質問等は、小社学芸書籍編集部まで必ず書面にてご連絡いただきますようお願いいたします。

ISBN 978-4-8156-2647-1